Aerobic als Wettkampfsport

Für Felix und Daniel

Wir möchten an dieser Stelle Herrn Klaus Stöhr und den Landesturnverbänden Sachsen-Anhalt und Bayern für die langjährige Förderung und hilfreiche Unterstützung der Sportart Aerobic danken.

Außerdem gilt unser Dank:
- Allen Sportlern, die uns bei den Fotoaufnahmen zur Verfügung gestanden haben: Bernd Auerhammer, Marie Bösa, Nicole Gentile, Stefanie Mensing, Sandra Schlüter, Beatrice Steidle, Marion Streichsbier.

- Allen, die uns bei der Entstehung dieses Buches tatkräftig unterstützt haben.

- Der Firma Danskin für die Überlassung der Aerobic-Anzüge.

Wo Sport Spaß macht

Andrea Remuta/Barbara Stengl/Janka Daubner/Petra Walter

Aerobic als Wettkampfsport

Erfolgreiches Training von Technik und Kondition

Meyer & Meyer Verlag

Die Deutsche Bibliothek – CIP Einheitsaufnahme

Arobic als Wettkampfsport
Andrea Renuta / Barbara Stengl /Janka Daubner / Petra Walter
– Aachen : Meyer und Meyer, 1999
(Wo Sport Spass macht)
ISBN 3-89124-582-3

© 1999 by Meyer & Meyer Verlag, Aachen, Olten (CH), Wien, Oxfort, Québec, Lansing/Michigan, Adelaide, Auckland, Johannesburg
Titelfoto: Peter Schatz, Markt Schwaben
Fotos: Peter Schatz, Markt Schwaben
Grafiken: Andrea Remuta; Petra Walter, Holzkirchen
Umschlaggestaltung: Birgit Engelen, Aachen
Lithos, Umschlag- und Satzbelichtung: frw, Reiner Wahlen, Aachen
Lektorat: Dr. Irmgard Jaeger, Aachen
Satz: Stone
Druck: Burg Verlag, Gastinger GmbH, Stolberg
e-mail: verlag@meyer-meyer-sports.com
ISBN 3-89124-582-3

Inhaltsverzeichnis

Vorwort

Das Interesse an der Sportart Aerobic ist seit den Anfängen in den 80er Jahren ungebrochen: Aerobic ist nach wie vor weltweit die Nummer eins in der Fitness-branche. Von der ursprünglichen Form eines ganzkörperlichen Fitness-Trainings mit Musik hat sich die Aerobic zu einer faszinierenden Sportart mit vielen kreativen Variationen wie Step-Aerobic , Therarobic, Slide etc. weiterentwickelt.

Auch in den Wettkampf- und Leistungssportbereich hat die Aerobic Einzug gehalten. Als Vizepräsident der FIG und des DTB für den Bereich Leistungssport-Aerobic freue ich mich über das wachsende Interesse an dieser attraktiven und spannenden Wettkampf-Sportart. Um diese Weiterentwicklung aktiv zu unterstützen, bedarf es in unseren Vereinen engagierter und gutausgebildeter Übungsleiter und Trainer, die junge Sportlerinnen und Sportler qualifiziert an diese Sportart heranführen.

Bisher fehlt es jedoch im deutschsprachigem Raum an entsprechenden Aus- und Weiterbildungsmöglichkeiten und an einschlägiger Fachliteratur.
    Das vorliegende Buch, das von einem praxiserfahrenen Trainer- und Lehrteam des Deutschen-Turner-Bundes verfasst wurde, möchte diese Lücke schließen. Mit diesem Trainingslehrbuch stehen den zukünftigen, aber auch den bereits aktiven Übungsleiter und Trainern in der Wettkampf-Aerobic umfassende Anregungen für ihre tägliche Arbeit zur Verfügung.

Das Buch behandelt die Merkmale der Technik und Trainingsmethodik in der Wettkampf-Aerobic, die Gestaltung der verschiedenen Trainingsbereiche sowie den Aufbau einer Choreographie.
    Beim Studium dieses neuen Lehrbuchs von Remuta/Stengl/Daubner/Walter wünsche ich viel Freude.

Hans-Jürgen Zacharias
Vizepräsident des DTB, Fachbereich Spitzensport
Vizepräsident der FIG

Foto 1: 6er-Team in der Schlusspose

1 Einführung

1.1 Charakteristik und Attraktivität von Aerobic als Wettkampfsportart

Aerobic, also Fitnesstraining nach fetziger Musik, gehört heute zum Standard-programm in jedem Fitnessstudio und in vielen Vereinen. Mit „Sport-Aerobic" hat das nichts zu tun – der Unterschied entspricht dem zwischen einem Freizeit-jogger und einem olympischen 100-Meter-Sprinter. Die (Sport- oder auch Wett-kampf-) Aerobic[1] ist eine technisch-kompositorische Sportart, die vom Athleten die Beherrschung neuartiger, schwieriger und koordinativ-komplizierter Bewe-gungen verlangt. Die sportliche Leistung wird auf der Grundlage der Wett-kampfregeln und der bestehenden Wertungsbestimmungen ermittelt. Aus-schlaggebend für die Bewertung sind Technik, Schwierigkeit, Choreografie und Präsentation der aerobicspezifischen Bewegungselemente und -teile, gepaart mit einer entsprechenden Musikalität und Synchronität der Bewegungsaus-führungen bei den Teamwettbewerben.

Ein Kürprogramm dauert knapp zwei Minuten – und erfordert ein regel-mäßiges und ausdauerndes Training das ganze Jahr über.

Gestartet werden kann in den Kategorien
- Einzel (Damen oder Herren)
- Mixed Pair
- Trio
- Teams (vier und mehr).

Trios und Teams können sich auf unterschiedliche Weise zusammensetzen: rein weiblich, rein männlich und gemischt. Internationale Wettkämpfe und Meister-schaften werden im Moment hauptsächlich in den Kategorien Einzel, Mixed Pair und Trios ausgetragen. Teamwettbewerbe rücken jedoch aufgrund der hohen Attraktivität für die Zuschauer ebenfalls immer mehr in den Mittelpunkt des In-teresses. Hier ergeben sich auf internationaler Ebene ständig Veränderungen und Neuentwicklungen.

---

[1] Hinweis: In diesem Buch steht das Wort „Aerobic" für den inzwischen veralteten Begriff „Sport"- oder „Teamaerobic". Es ist mit Aerobic immer der Wettkampfsport gemeint, andernfalls erfolgt eine entsprechende Erläuterung.

Die junge Wettkampfsportart Aerobic begeistert die Zuschauer durch heiße Rhythmen, tolle Präsentationen und atemberaubende Schwierigkeiten. Häufig entsteht bei Aerobic-Wettkämpfen eine stimmungsvolle, ausgelassene Atmosphäre – die konzentrative Spannung des Kunstturnens oder der rhythmischen Sportgymnastik ist nicht sichtbar und nicht charakteristisch für einen Aerobic-Wettkampf. Für die Sport-Aerobic ist der Ausdruck von nach außen sichtbarer Energie, Dynamik und Spaß charakteristisch. Übungen, die höchste Anspannung, ja sogar Traurigkeit und Leiden, sichtbar machen, sind unpassend.

Die Grundlage einer Übung sollte aus Aerobic-Schritten und Kombinationen bestehen, welche ihren Ursprung in der traditionellen Aerobic haben, die zu einer interessanten, sportarttypischen Choreografie zusammengeführt werden. Die Übung muss Kreativität mit optimaler Integration aller Bewegungen, Musik und Ausdruck demonstrieren. Alle komplexen Bewegungen müssen perfekt beherrscht werden, um eine optimale Ausführung zu ermöglichen. Die Ausführung aerobicspezifischer Übungen ist eng verbunden mit der Entwicklung körperlicher Fähigkeiten, besonders der Kraftfähigkeiten und der Schnelligkeit, aber auch der (Kraft-) Ausdauer. Dazu kommt die Beweglichkeit, Gewandtheit und die Fähigkeit, das Gleichgewicht zu erhalten und alle Bewegungen zielgerichtet zu koordinieren. Das Training dieser körperlichen Fähigkeiten hat positive Anpassungserscheinungen im Organismus zur Folge, wie die Verbesserung der Funktionen des aktiven und passiven Bewegungsapparates und des Herz-Kreislauf-Systems. Die Notwendigkeit, fortlaufend komplexe, teils auch risikoreiche Elemente erlernen zu müssen, eröffnet die Möglichkeit, psychische Eigenschaften, wie Aufmerksamkeit, Leistungsbereitschaft, Durchhaltevermögen, Willenskraft und intellektuelle Fähigkeiten weiterzuentwickeln. Durch den Anspruch an eine Aerobic-Kür, ästhetisch, ausdrucksvoll und virtuos zu sein, wird das Empfinden für schöne und harmonische Bewegungen zum Rhythmus einer Musik maßgeblich gefördert. Die Aerobic ist ein wirkungsvolles Mittel, um einen bedeutenden Beitrag zur ganzheitlichen Entwicklung des Menschen zu leisten, um Gesundheit, Lebensfreude und Leistungsfähigkeit zu erhöhen.

1.2 Sportartanalyse und Anforderungsprofil

Ein erfolgreiches Training in Technik und Kondition einer bestimmten Sportdisziplin setzt sowohl Kenntnisse des Anforderungsprofils der Disziplin selbst wie auch der vom Athleten zu realisierenden physischen und psychischen Bedingun-

gen voraus. Deshalb ist Voraussetzung für eine leistungsorientierte Steuerung und Regelung des Trainings, dass
- die biomechanischen, physiologischen und funktionell-anatomischen Bedingungen der Bewegungsabläufe und Belastungen und
- die konditionellen, kognitiven, psychischen, anthropometrischen, sozialen und materiellen Anforderungen
der Sportart bekannt sind.
Nur dann kann die individuell höchstmögliche Leistungsfähigkeit eines Athleten erreicht werden.

Bei der Analyse der leistungsbestimmenden Faktoren in der Aerobic lassen sich drei Hauptfaktoren identifizieren, die dominant die sportliche Leistung beeinflussen. Diese sind
- die konditionellen Fähigkeiten,
- die sportliche Technik,
- und die Psyche des Sportlers.
Darüber hinaus spielen aber auch genetische, soziale und umweltbedingte Faktoren eine Rolle (Abb. 1).

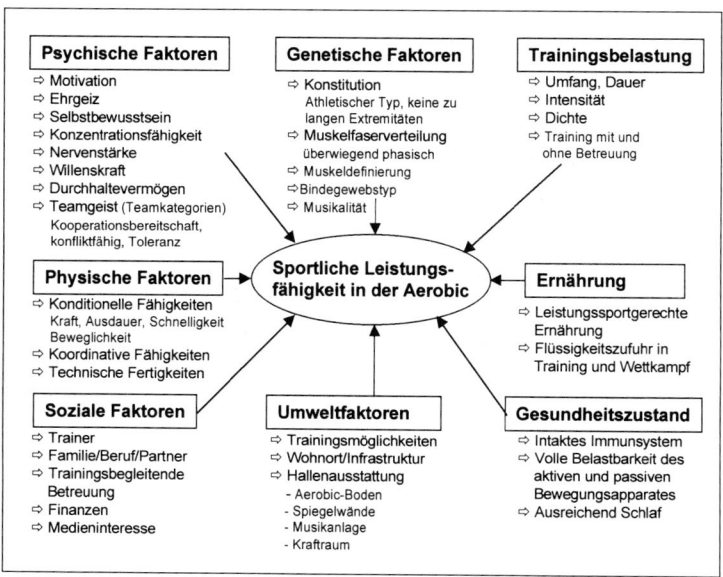

Abb. 1: Einflussfaktoren auf die sportliche Leistungsfähigkeit in der Aerobic

Die Sportart Aerobic ist neben dem Kunstturnen, der Rhythmischen Sportgymnastik oder dem Eiskunstlaufen eine der komplexesten Sportarten im Reigen der kompositorischen Sportarten. Für das Erreichen der Wettkampfleistung stellen die **konditionellen Fähigkeiten** einen Hauptfaktor dar, der in allen Phasen einer Kürübung leistungslimitierend wirkt. In der Summe der konditionellen Fähigkeiten spielen natürlich die Kraftfähigkeiten eines Athleten die Hauptrolle. Jedoch ist im Gegensatz zu den turnerischen Disziplinen die Ausdauerfähigkeit mit den komplexen konditionellen Fähigkeiten Kraftausdauer und Schnelligkeitsausdauer ebenfalls von großer Bedeutung. Da eine Elementegruppe, die in jeder Aerobic-Kür mit mindestens einem Element vertreten sein sollte, Beweglichkeitselemente enthält, ist auch die Beweglichkeit von besonderer Bedeutung für die sportliche Leistungsfähigkeit. Außerdem hat die Fähigkeit, in den Gelenken große Bewegungsamplituden zu erreichen, auf die Qualität der Ausführung der Aerobic-Bewegungen maßgeblichen Einfluss. Und nicht zuletzt ist ein unverzichtbarer Bestandteil von präzisen, schnellen, sicheren und ökonomischen Bewegungen eine hohe Koordinationsfähigkeit. Bei gut koordinierten Bewegungen führt das gute Zusammenspiel zwischen Nerven und Muskelsystem zu flüssigen und harmonischen Bewegungsverbindungen. Überdies fällt das Erlernen von neuen, komplexen Schwierigkeitselementen bei einer guten Koordinationsfähigkeit wesentlich leichter. Diese konditionellen Hauptfaktoren müssen kontinuierlich im langfristigen Leistungsaufbau entwickelt werden.

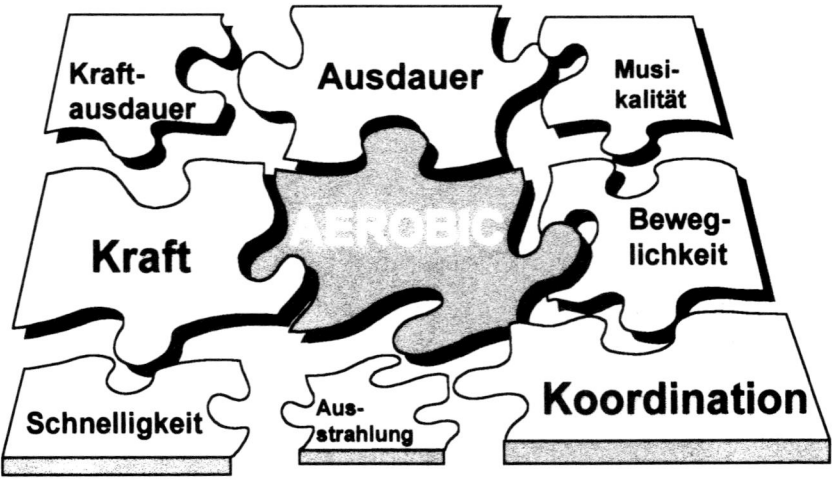

Abb. 2: Analyse der Sportart Aerobic – Summe der leistungsrelevanten Merkmale

Den zweiten leistungsbestimmenden Hauptfaktor stellt die **sportliche Technik** dar, denn genau wie in den anderen kompositorischen Disziplinen besteht die Besonderheit der Aerobic darin, dass die Technik der Schwierigkeitselemente bzw. der aerobicspezifischen Verbindungen, Schritte und Teile gleichzeitig die Leistung darstellt, die durch den Kampfrichter bewertet wird.

Das Erlernen und Stabilisieren der „sportlichen Technik" bildet den Schwerpunkt im Nachwuchstraining, da eine hohe Qualität der Bewegungsausführung die Grundvoraussetzung für eine zielgerichtete Leistungsentwicklung bis in den Hochleistungsbereich ist. Die sporttechnische Entwicklung schließt jedoch nicht ab, sondern es ist in jeder Ausbildungsetappe auf der Basis der gestiegenen Kraftvoraussetzungen eine hohe Qualität der Bewegungsausführungen wieder zu erreichen bzw. muss die sportliche Technik weiter verbessert werden.

Der Hauptfaktor „**Psyche**" umfasst alle notwendigen psychischen Eigenschaften des Sportlers, um die Anforderungen in Training und Wettkampf erfolgreich zu bewältigen. Im Spitzenbereich hat dieser Faktor deutlich an Bedeutung gewonnen.
Spitzensportler im Aerobic zeichnen sich im Wettkampf mit folgenden ausgeprägten Eigenschaften aus, wie
- Selbstbewusstsein
- Siegeswille
- Kampfgeist
- Nervenstärke
- Psychische Mobilisationsfähigkeit.

Aber auch zur Bewältigung der hohen Trainingsanforderungen sind diese sowie weitere Eigenschaften wie
- Motivation
- Durchhaltevermögen
- Willenskraft
- Zielstrebigkeit
- Ehrgeiz

unbedingt erforderlich.

Bei Wettbewerben mit zwei oder mehr Sportlern kommt noch die Teamfähigkeit jedes einzelnen Mitglieds der Mannschaft hinzu. Paare, Trios und Teams müssen die Fähigkeit besitzen, alle Bewegungen wie eine Einheit auszuführen. Diese einheitliche sportliche Vorstellung im Wettkampf ist auf lange Sicht nur umsetzbar, wenn auch im Training eine einheitliche und harmonische Atmosphäre besteht. Negative Tendenzen wie Egoismus und Intoleranz eines oder mehrerer Teammitglieder zerstören auf lange Sicht die Kooperationsfähigkeit eines Paares oder einer gesamten Gruppe und sind daher für einen langfristigen Leistungsaufbau kontraproduktiv.

2 Aerobic-Training

Training definiert sich als ein komplexer Handlungsprozess mit dem Ziel der planmäßigen und sachorientierten Einwirkung auf die sportliche Leistungsentwicklung. In pädagogisch-didaktischem Sinne ist Training ein planmäßig gesteuerter Prozess der sportlichen Vervollkommnung, der unter Berücksichtigung theoretischer Kenntnisse aus der Sportwissenschaft, unter Einbeziehung von Erfahrungen aus der Praxis und aller personellen, materiellen und gesellschaftlichen Voraussetzungen darauf abzielt, die sportliche Leistungsfähigkeit sowie die psychischen Leistungsfaktoren eines Sportlers in der Aerobic in optimaler Weise zu entwickeln (vgl. BAUER 1994).

Ein Training ist dann planmäßig, wenn ein Trainingsplan vorhanden ist, in dem neben den Trainingsinhalten und -methoden auch Teilziele festgelegt sind. Deren Realisierung wird durch Trainingskontrollen überprüft.

2.1 Trainingsprinzipien

Jedes biologische System befindet sich, vorausgesetzt, es ist voll funktionsfähig, in einem permanenten Zustand der Anpassung. Es besteht immer ein Gleichgewicht zwischen aufbauenden und abbauenden Vorgängen. Dies nennt man die Homöostase. Wird die Homöostase durch einen Reiz gestört, so wird der Organismus versuchen, ein der veränderten Situation entsprechendes neues Gleichgewicht wieder zu finden. Will man die Leistungsfähigkeit eines Organismus steigern, wird man versuchen, sich den funktionalen Zusammenhang von Belastung – Erholung – Anpassung zunutze zu machen. Die Aufgabe einer Trainingssteuerung ist es demnach, dieses Verhalten des Organismus dahingehend auszunutzen, dass sich das zu errichtende Gleichgewicht auf einem höchstmöglichen Niveau einspielt, weil die damit verbundene erhöhte Funktionskapazität eine maximale Leistungsfähigkeit gewährleistet. Dabei kann die Störung der Homöostase unterschiedliche Auswirkungen auf den Organismus haben.

Es kann notwendig sein, die durch die Reizgebung einsetzenden aufbauenden (anabolen) Vorgänge zu stabilisieren. Die Belastung muss gesteigert werden, wenn die Leistungsfähigkeit bereits so weit gestiegen ist, dass der Reiz nicht mehr überschwellig wirkt. Kommt es jedoch aufgrund der Trainingsbelastung zu abbauenden (katabolen) Vorgängen, muss die Belastung zwingend reduziert werden, da es ansonsten zu einem Leistungsabfall kommt. Basierend auf biologischen Gesetzmäßigkeiten und mit den Erfahrenswerten aus der Trainingspraxis wurden sog. Trainingsprinzipien entwickelt, die in Abhängigkeit von den Anpassungsvorgängen des Organismus sinnvoll zum Einsatz gebracht werden können und damit die Richtung für die Steuerung und Planung des Trainings weisen.

Tab. 1: Übersicht der Trainingsprinzipien und zugehörigen biologischen Gesetzmäßigkeiten (in Anlehnung an ZINTL 1988).

Verlauf der Anpassungsvorgänge im Organismus	Trainingsprinzip	Biologischer Einflussfaktor
Auslösung der Anpassung	Prinzip des wirksamen Belastungsreizes	Reizstufenregel
	Prinzip der progressiven Belastungssteigerung • allmählich • sprunghaft	Parabolischer Kurvenverlauf des Anpassungsprozesses
	Prinzip der Variation der Trainingsbelastung	Reizstufenregel
Sicherung der Anpassung	Prinzip der optimalen Gestaltung von Belastung und Erholung	Superkompensation, zeitliche Verschiebung der Anpassung
	Prinzip der Wiederholung und Kontinuität	Festigung der Anpassung
	Prinzip der Periodisierung und Zyklisierung	Phasencharakter des Anpassungsverlaufs
Spezifische Steuerung der Anpassung	Prinzip der Individualität und Altersgemäßheit	Individuelle Anpassungsfähigkeit
	Prinzip der zunehmenden Spezialisierung	Spezifische Anpassung
	Prinzip der regulierenden Wechselwirkung einzelner Trainingselemente	Wechselwirkung von spezifischer und unspezifischer Anpassung

Die pädagogisch orientierten Grundsätze werden hier nicht weiter behandelt. Die Beschreibung der einzelnen Trainingsprinzipien erfolgt in diesem Buch nur so kurz wie notwendig. Hinsichtlich einer erweiterten Darstellung wird auf die einschlägige Literatur verwiesen (HARRE 1982; GROSSER et al. 1985; LETZELTER 1978; MATWEJEW 1981).

Prinzip des wirksamen Belastungsreizes

Der Trainingsreiz muss eine bestimmte Intensitätsschwelle überschreiten, da unterschwellige Reize keine Anpassungsvorgänge im Organismus auslösen. Als grundlegende Gesetzmäßigkeit gilt die sog. **Reizstufenregel**:

- Unterschwellige Reize bleiben wirkungslos.
- Schwach überschwellige Reize erhalten das Funktionsniveau.
- Optimal überschwellige Reize lösen anatomisch-physiologische Änderungen aus.
- Zu starke Reize schädigen die Funktion und führen auf Dauer zu abbauenden Vorgängen.

Der Schwellenwert des Belastungsreizes hängt vom individuellen Leistungsstand des Sportlers ab.

Prinzip der progressiven Belastungssteigerung

Leistungssteigerungen im Wettkampf können langfristig nur durch Belastungssteigerungen im Training erzielt werden. Außerdem passt sich der Organismus gleich bleibenden Trainingsbelastungen so an, dass dieselben Belastungsreize nicht mehr überschwellig wirken oder sogar unterschwellig werden. In Abhängigkeit vom biologischen Alter, Trainingsalter und Entwicklungsstand kann die Belastung auf folgende unterschiedliche Arten gesteigert werden:

- Im Anfänger- und Aufbautraining empfiehlt sich eine allmähliche Steigerung, solange damit noch eine Leistungsverbesserung erzielt werden kann.
- Eine stufenförmige Belastungssteigerung wird dann notwendig, wenn geringe Erhöhungen der Trainingsreize keine Anpassungsvorgänge mehr provozieren. Dies ist häufig im Leistungtraining der Fall. Erst sprunghafte Steigerungen zwingen den Organismus zu weiteren Adaptationsvorgängen.
- Als weitere Möglichkeit kann die Belastung auch variabel gesteigert werden, um die Homöostase zum Zweck der Leistungssteigerung zu stören.

Prinzip der Variation der Trainingsbelastung

Um eine gewisse Monotonie im Training zu vermeiden, müssen nach dem Prinzip der variierenden Belastung unterschiedliche Trainingsreize gesetzt und damit unterschiedliche Stimulierungen und Ermüdungsprozesse in Gang gebracht werden. Denn gleichartige Trainingsreize über einen längeren Zeitraum hinweg führen zu einer Stagnation des Trainingsgewinns. Bei gleich bleibenden Reizen kann nämlich der Schwellenwert abnehmen und damit auch der leistungssteigernde Effekt. Eine Variation der Belastungsreize ist daher sinnvoll und kann sowohl durch einen Intensitätswechsel als auch durch einen Wechsel der Trainingsinhalte, der Bewegungsdynamik, der Pausengestaltung und der Trainingsmethoden erreicht werden.

Prinzip der optimalen Gestaltung von Belastung und Erholung

Dieser Grundsatz berücksichtigt die Tatsache, dass verbrauchte Substanzen im Anschluss an die Ermüdungsphase bei sportgerechter Ernährung in erhöhtem Maße wieder im Körper angelagert werden. Dieses biologische Phänomen wird als **Hyper-** oder auch **Superkompensation** bezeichnet. Die erhöhte Wiederherstellung nach einem entsprechend hohen Belastungsreiz bildet die prophylaktische Maßnahme des Organismus im Hinblick auf weitere starke Belastungsreize und damit die Grundlage einer jeden Funktions- und Leistungssteigerung. Das erhöhte Niveau bleibt aber nicht für immer erhalten, sondern bildet sich wieder zurück. Beachtet man demnach den Grundsatz einer optimalen Belastungsfolge, dann muss die neue Belastung genau zum Zeitpunkt der Superkompensationsphase erfolgen.

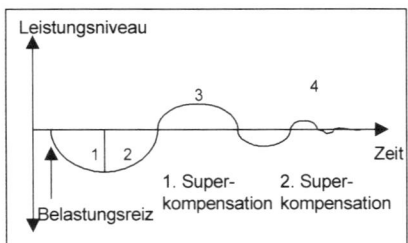 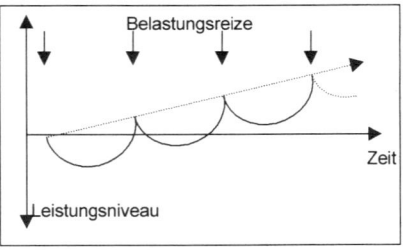

3a)   *3b)*

Abb. 3a: Superkompensation. Phasen der Veränderung der Leistungsfähigkeit.
1 = Phase der Abnahme, 2 = Phase der Wiederherstellung, 3 = Phase der Superkompensation, 4 = Phase des Auspendelns (nach ZINTL, 1988, 17)
Abb. 3b: Verbesserung der Leistungsfähigkeit durch optimal gesetzte Belastungen

Prinzip der Wiederholung und Kontinuität

Damit sich Anpassungserscheinungen längerfristig vollziehen und eine optimale Anpassung erreicht werden kann, muss die Belastung mehrfach wiederholt werden, um das erhöhte Leistungsniveau auch wirklich sicherzustellen. Dies liegt im Phänomen der Superkompensation und in der Zeitverschiebung des Anpassungsverlaufs begründet. Wiederholung und Kontinuität beziehen sich somit auf gleichartige und entsprechend festigende Belastungen in entsprechenden Zeitabständen. Ansonsten stellt sich schnell wieder eine Rückbildung der Anpassungserscheinungen ein.

Prinzip der Periodisierung und Zyklisierung

Ein Sportler kann nicht das ganze Jahr über Höchstleistungen bringen, da er sich sonst ständig im Grenzbereich seiner physischen und psychischen Belastbarkeit befinden würde. Es ist die Gefahr eines Übertrainings gegeben, was nichts anderes bedeutet, als dass die aufbauenden (anabolen) Stoffwechselvorgänge in abbauende übergehen. Dies hat auf Dauer einen Leistungsabfall zur Folge. Daher ist es aus biologischen Gründen wichtig, Phasen höherer Belastungen mit Phasen geringerer Belastungen abzuwechseln. Zur Vorbereitung eines Wettkampfs werden die Trainingsbelastungen immer mehr zunehmen, um die Wettkampfleistung zu optimieren. Nach Absolvieren der Wettkampfphase muss eine Reduzierung der Belastungsreize erfolgen, bis wieder eine Wettkampfvorbereitung beginnt. Es gilt also, das Trainingsjahr genau einzuteilen in Vorbereitungsphasen, Wettkampfphasen und in Übergangsphasen (s.a. Punkt 2.2). Und nicht nur das: Das Training sollte in Mehrwochenabschnitten **(Makrozyklen)** bis hin zur Gestaltung eines Wochentrainings **(Mikrozyklus)** so geplant werden, dass ein Wechsel von belastungssteigernden, belastungserhaltenden und belastungsreduzierenden Trainingsreizen gesetzt wird. Dadurch können einerseits Belastungsüberforderungen vermieden und andererseits höhere Leistungsspitzen zu bestimmten Zeiten erzielt werden.

Prinzip der Individualität und Altersgemäßheit

Die individuellen Voraussetzungen für die Aerobic sind von Sportler zu Sportler und von einer Entwicklungsstufe zur anderen unterschiedlich. Optimale Trainingswirkungen werden nur erzielt, wenn die Trainingsziele, -inhalte und -maßnahmen auf den jeweiligen Sportler angepasst werden. Neben den anlagebedingten körperlichen Fähigkeiten (sportmotorische Begabung, Konstitution, Belastbarkeit, Vorerfahrung aus anderen Disziplinen) müssen auch die psychischen Eigenschaften (Motivation, Intellekt, Temperament u.a.) beachtet werden. Im

Laufe der Entwicklung eines Menschen ändern sich diese Persönlichkeitsmerkmale. Wichtig ist, dass der Sportler zu keiner Phase des Trainings überfordert wird, sondern der Schwierigkeitsgrad des Trainings dem Leistungsvermögen des Sportlers jederzeit angeglichen ist.

Prinzip der zunehmenden Spezialisierung

Im Aerobic-Training wechseln sich allgemeine Trainingsbelastungen mit spezifischen Belastungen ständig ab. Auf der Basis einer breiten konditionellen und koordinativen Ausbildung nimmt der Anteil des speziellen Trainings mit zunehmendem Trainingsalter gegenüber dem allgemeinen Training zu, d.h. der Anteil des aerobicspezifischen Trainings steigert sich vom Grundlagentraining über das Aufbautraining bis hin zum Leistungstraining kontinuierlich.

Prinzip der regulierenden Wechselwirkung einzelner Trainingselemente

Unter diesem Prinzip versteht man die dosierte Abstimmung des Trainings der verschiedenen konditionellen Fähigkeiten und des Verhältnisses von Konditions- und Techniktraining. In der Aerobic werden konditionelle und koordinative Fähigkeiten gefordert, deren Training konträre Wirkungen bzw. Wechselwirkungen hervorrufen kann. Es gilt, die Trainingsanpassungen so zu steuern, dass das höchstmögliche Leistungsniveau erreicht werden kann. So z.B. benötigen Aerobic-Sportler

- *aerobe und anaerobe Ausdauer:* Die anaerobe Ausdauer kann erst auf der Basis einer guten aeroben aufgebaut (Grundlagenausdauer) werden.
- *Kraft und Ausdauer:* Zur Optimierung der Trainingsadaptationen müssen beide Fähigkeiten in der Vorbereitungsperiode zunächst isoliert entwickelt werden. In der Wettkampfphase müssen die Fähigkeiten kombiniert weitergefördert und zusätzlich eine aerobicspezifische Kraftausdauer geformt werden.
- *Kraft und Beweglichkeit:* Beim Maximalkrafttraining kommt es zu Kontraktionsrückständen, die die Beweglichkeit negativ beeinflussen können.
- *Kondition und Technik:* Eine konditionelle Veränderung verändert die Bewegungsstruktur quantitativ und qualitativ. Deshalb muss die Technik den veränderten Kraftfähigkeiten immer wieder angepasst werden.

2.2 Trainingsstufen

Im langjährigen Trainingsaufbau wird je nach Alter und Leistungsstand in vier Stufen unterteilt (vgl. Tab. 2):

- Grundlagentraining (Anfängerstufe) für Kinder von sechs Jahren beginnend bis ca. 13 Jahre meist mit allgemeinem Spiel- und Hindernisturnen, spielerischer Konditionsschulung und tänzerischen Grundlagen.
- Aufbautraining (Fortgeschrittenenstufe) für Jugendliche von 13 bis 17 Jahren.
- Leistungstraining (Könnerstufe) für Jugendliche und Erwachsene ab frühestens zwölf Jahre, meist aber erst ab 17 Jahren.
- Höchstleistungstraining (Spitzenathleten) ab 18 Jahre – erst ab diesem Alter ist die Teilnahme an internationalen Meisterschaften möglich.

Zwischen dem Training für Kinder und Jugendliche und dem der Erwachsenen gibt es wesentliche Unterschiede (s. Kap. 2.6).

Tab. 2: Trainingsstufen mit Zeiträumen, Trainingshäufigkeiten und prozentualer Verteilung von allgemeinen und speziellen Trainingsinhalten (vgl. GROSSER et al. 1986)

Trainings-stufe	Zeitraum in Jahren	Trainingshäufig-keit pro Woche	Trainingsinhalte	
			allgemein	speziell
Grundlagen-training	2-3 Jahre, bei Kindern ab ca. 6.-9. Jahr im Spiel- u. Hindernisturnen	4 – 6 Std.	90%	10%
Aufbau-training	2-4 Jahre ab 9.-12./13. Jahr, bei Quereinsteigern auch später (erste Wettkampfstarts)	6-10 Std.	70%	30%
Leistungs-training	2-6 Jahre frühestens ab 12, oft erst ab 17 Jahren nach Junioren	10-18 Std.	40/30%	60/70%
Höchst-leistungs-training	Nach ca. 6 Jahren; wegen Wettkampfre-geln erst ab 18 Jahren	15-25 Std.	20/30%	70/80%

Grundlagentraining in der Aerobic

Zur Zeit legen die meisten Aerobic-Sportler ihre grundlegenden konditionellen und koordinativen Fähigkeiten in anderen Disziplinen an und wechseln erst zum Aufbau- oder Leistungstraining zur Sportart Aerobic über. Dies ist möglich, da die Anforderungen z.B. im Kunstturnen, in der Rhythmischen Sportgymnastik oder auch in der Sportakrobatik denen der Aerobic an der Basis ähnlich sind. Die Zielstellung der ersten Trainingsstufe ist es, Grundlagen hinsichtlich der konditionellen Eigenschaften, der technischen Fertigkeiten und der psychischen Fähigkeiten zu legen. Das Hauptziel besteht darin, eine breite Basis des Eigenschafts- und Fertigkeitsniveaus zu legen, mit dem Schwerpunkt gute allgemeine Kondition und umfassende Bewegungserfahrung. Im psychischen Bereich wird eine erhöhte Willenskraft und eine gefestigte Einstellung zu Training und Wettkampf im Sinne eines langfristigen Leistungsaufbaus angestrebt. Im Grundlagentraining darf keine zu frühe sportartspezifische Spezialisierung erfolgen, weil daraus eine spätere Leistungsstagnation resultieren kann. Gründe hierfür sind physischer wie psychischer Natur.

Die komplexen Schwierigkeitselemente in der Aerobic erfordern eine hohe Koordinationsfähigkeit auf der Basis vielfältiger Bewegungserfahrungen. Bei einem auf 5-10 Jahre angelegten Leistungsaufbau kann es zu Motivationsverlusten kommen, wenn die Anteile des speziellen Trainings zu früh die Trainingsinhalte füllen – auf Dauer wird es an Abwechslung fehlen.

Das Grundlagentraining in der Aerobic beinhaltet drei übergeordnete Ziele:
1. *Allgemeine Konditionsschulung:* Ausbildung der konditionellen Grundeigenschaften Kraft, Schnelligkeit und Ausdauer sowie der Beweglichkeit und der Gewandtheit mit kindgerechten Kraft- und Ausdauerprogrammen, Laufspielen, Fitnesstraining in Form von Kids-Aerobic, etc.
2. *Allgemeine Technikschulung:* Ausbildung von aerobicspezifischen Bewegungsgrundmustern und das Sammeln allgemeiner und spezieller Bewegungserfahrungen. In der Aerobic-Grundausbildung sollen die Bewegungsabläufe der einfachen Schwierigkeitselemente und die Basic-Schritte und Armbewegungen der Aerobic beherrscht und in spielerischer Form geübt werden.
3. *Allgemeine Schulung psychischer Fähigkeiten:* Dies betrifft eine Schulung der grundlegenden psychischen Eigenschaften wie Konzentrationsvermögen, Willenskraft, Durchhaltevermögen und Einstellung zu Training und Wettkampf, ohne die ein leistungsorientiertes Training auf Dauer nicht möglich wäre. Dennoch muss das Training als Freude und nicht als Zwang empfunden werden, ohne jedoch das Leistungsstreben aufzugeben.

Aufbautraining in der Aerobic

Die zweite Stufe führt zu einem sportartspezifischen Können. Die Anteile des speziellen Trainings nehmen deutlich zu. Das Aufbautraining ist neben der zunehmenden Spezialisierung vor allem durch eine beträchtliche Zunahme der Trainingsbelastungen gekennzeichnet: Das Aufbautraining soll auf das Hochleistungstraining vorbereiten. Hinzu kommt die systematische Einbeziehung von Wettkämpfen. Die Trainingsziele im Aufbautraining sind wie folgt charakterisiert:

1. Im *konditionellen* Bereich wird die allgemeine Basis weiter ausgebaut. Das Ausdauertraining wird auf die anaeroben Bereiche ausgedehnt, die Rumpf- und Extremitätenmuskulatur wird auf die spezifischen Belastungen der Schwierigkeitselemente vorbereitet.
2. Im *Technikbereich* schreitet die Spezialisierung fort. Am Ende des Aufbautrainings müssen die Grundfertigkeiten aller Schwierigkeitselemente beherrscht werden.
3. Im *psychischen* Bereich werden vor allem die intellektuellen Fähigkeiten angesprochen, um den Sportler zu einem selbstständigen und kreativen Handeln zu führen. Erst durch ein bewusstes Mitvollziehen der Trainingsinhalte und eine fortschreitende Einsicht in die Gesetzmäßigkeiten des Trainingsprozesses kann dieser individueller und spezifischer gesteuert und geregelt werden.

Leistungstraining in der Aerobic

Das Leistungstraining hat die unmittelbare Herausbildung der persönlichen Bestleistung zum Ziel. Das führt zu einer weiteren Spezifizierung von Trainingsmethoden und -inhalten in Bezug auf die Anforderungen in der Aerobic. Dabei werden Trainingsumfang und -intensität optimal bis zur höchstmöglichen individuellen Belastbarkeit gesteigert.

1. Im *konditionellen* Bereich wird deutlich zwischen den Fähigkeiten differenziert, die maximiert werden müssen, wie z.B. die Maximalkraft, und jenen Merkmalen, die „nur" optimal ausgebildet sein müssen, wie z.B. die aerobe Ausdauer.
2. Beim *Technik*niveau wird ebenfalls weiter differenziert und insbesondere automatisiert: Die aerobicspezifische Technik und die Ausführung der Aerobic-Kür sowie die Schwierigkeitselemente werden perfektioniert, stabilisiert und variabel verfügbar gemacht.
3. Die *intellektuellen* Fähigkeiten und die *psychomoralischen* Eigenschaften erreichen ihre höchste Ausprägung. Sie zeigen sich in der Selbstständigkeit des Sportlers in Training und Wettkampf und führen dazu, dass der Sportler lernt, seine Reserven weiter freizusetzen (vgl. LETZELTER 1985).

Höchstleistungstraining in der Aerobic
Von Höchstleistungstraining spricht man bei Sportlern, die in der absoluten Weltspitze leistungsmäßig mithalten können. Die Bereiche werden im Vergleich zum Leistungstraining so weit intensiviert, dass das gesamte Leben auf den Leistungssport abgestimmt wird.

2.3 Phasen des Trainingsprozesses

Zum Training im weiteren Sinne zählt nicht nur die unmittelbare Trainingsarbeit im Kraftraum oder in der Trainingshalle. Im Training laufen verschiedene Phasen nacheinander ab, die in ständiger Wechselwirkung zueinander stehen:

- Wettkampf- und Sportleranalyse
- Festlegung der Trainingsziele
- Trainingsplanung
- Durchführung des Trainings
- Leistungskontrollen
- Auswertung des Trainings.

Wettkampf- und Sportleranalyse
Die Voraussetzungen der Sportler zur Umsetzung der Trainings- und Wettkampfanforderungen sind je nach Leistungs- und Entwicklungsstufen sehr unterschiedlich. Bevor konkrete Trainingsziele festgelegt werden und diese im Rahmen der Trainingsplanung und -steuerung in ein Trainingskonzept münden, muss der Trainer zuerst analysieren, welche Anforderungen an den Sportler gestellt werden und ob der Sportler aufgrund seiner Fähigkeiten diesen Anforderungen gerecht werden kann. Daher ist es notwendig, regelmäßige Trainingskontrollen wie Leistungsdiagnostiken, Krafttests und Videoanalysen der Kürübungen durchzuführen sowie an Trainingswettkämpfen teilzunehmen, um wertvolle Hinweise zum Leistungsstand des Sportlers zu erhalten.

Festlegung der Trainingsziele
Eine sachgerechte und realistische Festlegung der Trainingsziele ist die Basis für ein erfolgreiches Training. Der Sportler soll seine Leistungsfähigkeit mit einem Höchstmaß an Effizienz verbessern. Die Festlegung der Trainingsziele (lang-, mittel-, oder kurzfristig) hängt von folgenden Faktoren ab:

- Alter und Entwicklungsstand des Sportlers
- Leistungsstand des Sportlers
- Trainingsalter des Sportlers
- Kenntnis der besonderen Schwächen des Sportlers z.B. aus vorhergehenden Wettkämpfen
- Trainingsperiode
- Trainingshalle und -geräte.

Trainingsplanung

Die gewissenhafte Planung des Trainings ist eine Voraussetzung für die systematische und zielstrebige Entwicklung der sportlichen Leistung in der Aerobic. Der Trainingsplan fixiert die sportliche Entwicklung und gibt an, auf welchen Wegen die Haupt- und Nebenziele erreicht werden sollen. Trainingsplanung ist „ein auf das Erreichen eines Trainingszieles ausgerichtetes, dem individuellen Leistungszustand berücksichtigendes Verfahren, der vorausschauenden, systematischen – sich an trainingspraktischen Erfahrungen und sportwissenschaftlichen Erkenntnissen orientierenden – Strukturierung des (langfristigen) Trainingsprozesses" (STARISCHKA 1985, 1).

Die Planung ist charakterisiert
- durch die fortlaufende Anpassung an die Trainings- und Wettkampfwirklichkeit.
- durch den Aufbau in zeitliche Phasen.
- durch die Möglichkeit der Periodisierung.

Aufgrund der schwierigen Belastungssteuerung, die für jeden Sportler notwendig ist, kann heute kaum mehr auf eine schriftliche Trainingsplanung verzichtet werden.

In der Trainingspraxis hat sich eine Gliederung wie folgt bewährt (vgl. Tab. 3):
1. Mehrjährige Perspektivpläne für das Kinder- und Jugendtraining, die die verschiedenen Trainingsstufen zum langfristigen Leistungsaufbau einschließen.
2. Jahrespläne, die jeweils den Trainingsprozess von zwölf Monaten festlegen.
3. Periodenpläne, die die mehrwöchigen Vorbereitungs-, Wettkampf- und Übergangsperioden fixieren.
4. Wochentrainingspläne.
5. Tagestrainingspläne.

Tab. 3: Planungsabschnitte (GROSSER et al. 1986, 66)

Planungshauptabschnitt	gliedert sich in:	Planungsabschnitte
Mehrjahreszyklus	➤	Jahreszyklen (2-8 Jahre)
Jahreszyklus	➤	Perioden (Vorbereitungs-, Wettkampf-, Übergangsperioden)
Perioden	➤	Makrozyklen (Etappen) (à 3-5 Wochen)
Makrozyklus	➤	Mikrozyklen (à eine Woche)
Mikrozyklus	➤	Tageszyklen (7 = Woche)
Tageszyklus	➤	Trainingseinheiten (1-3)
Trainingseinheit	➤	Trainingsabschnitte (Aufwärmen, Hauptteil, Schluss)
Trainingsabschnitt	➤	Minuten (5-45)

Je kürzer der Zeitraum, für den ein Trainingsplan konzipiert ist, umso genauer müssen die Angaben zu den Trainingsinhalten und -methoden sein. Es reicht nicht, nur das Trainingsziel und die Trainingsbelastung einzuplanen. In einem Trainingsjahresplan müssen folgende Angaben enthalten sein:
• Angestrebtes Jahresziel (z.B. WM-Qualifikation).
• Alle Wettkampftermine.
• Termine und Arten der Trainingstests und Leistungsdiagnostiken.
• Grobziele des Technik- und Konditionstrainings.
• Einteilung der Trainingsabschnitte Vorbereitungs-, Wettkampf- und Übergangsperiode des Jahreszyklus.
• Höhe der Gesamtbelastung, insbesondere das Verhältnis von Umfang und Intensität in den Perioden.

Der Trainingsplan ist der rote Faden für den Trainer, an dem er sich im Trainingsprozess orientieren kann. Der Trainer kann und muss jedoch jederzeit vom erstellten Plan abweichen, wenn interne (z.B. Verletzungen) oder externe Einflüssen (z.B. schulische/berufliche Probleme des Sportlers) im Laufe eines Jahres das vorgedachte Konzept umzuwerfen drohen. Die Grundsätze der Periodisierung, die der Trainingsplanung zugrunde liegen, werden in Kapitel 2.5 näher erläutert.

Durchführung des Trainings

Die Trainingsdurchführung ist die praktische Umsetzung der folgenden Fragen, die ein Trainer beim Aufbau des Trainingsplans für eine Trainingseinheit berücksichtigen muss:

- Welche Trainingsziele sollen mit der kommenden Trainingseinheit erreicht werden?
- Mit welchen Trainingsmethoden (z.B. im Ausdauertraining: Dauermethode oder Intervallmethode) und
- mit welchen Trainingsformen (Einzeltraining, Zirkeltraining, Komplexübungen) wird das Ziel am ehesten erreicht?
- Welche Inhalte sollen das Training füllen (Laufformen oder Basic Class zum Aufwärmen, Balletteinheit, Elementetraining, Sprungkraft- oder Maximalkrafttraining etc.)?
- Welche Organisationsformen (z.B. Riegen-, Frontal-, Stationsbetrieb), Geräte (z.B. Kraftmaschinen, Freihanteln, Weichbodenmatten für Landungen) und Hilfsmittel (z.B. Handgelenksstützen, Spiegel) sind daher zu wählen?

Die Auswahl der Trainingsmethoden und -formen hat einen wesentlichen Einfluss auf die Durchführung des Trainings. Der organisatorische Ablauf entscheidet über den Erfolg des Trainings und das Erreichen der Trainingsziele. Generell gilt es, einen reibungslosen Trainingsablauf ohne unbegründete Pausenzeiten zu organisieren.

Leistungskontrollen

Ohne eine regelmäßige Kontrolle der sportlichen Leistung in Training und Wettkampf erhält weder der Trainer noch der Sportler eine objektive Rückmeldung, ob die angestrebten Trainingsziele wirklich erreicht wurden. Zunächst jedoch müssen die tatsächlichen Trainingsinhalte dokumentiert werden, um erkennen zu können, ob die in den Trainingsplänen vorgegebenen Inhalte überhaupt im Training umgesetzt und durchgeführt wurden. Eine regelmäßige Trainingsdokumentation ist die Grundlage der Analyse von Ist- und Sollwert der Leistungsentwicklung und von daher unabdingbar für eine effiziente Trainingsplanung. Das nachfolgende Beispiel aus der Trainingspraxis zeigt eine Möglichkeit einer schnellen und einfachen Trainingsdokumentation in der Aerobic.

Tab. 4: Beispiel einer Trainingsdokumentation in der Aerobic

Kategorie: Einzel / Paar / Trio / Gruppe   **Name:**...

Trainingseinheit in Woche/Jahr: 1/99   **Datum:** Wochentag, den ....

Bereich / Übung	Was ?	Wie oft ? Wiederholungen (Wdh) Serienanzahl	Wie lang ? Zeit in min	Herzfrequenz Schläge/min	Bemerkung
KRAFT					
Arme	X	3x15 Wdh, 3x12 Wdh	20	-	
Beine	X	4x 12 Wdh, Beinpresse	15	-	
Bauch					
Sprungkraft	X	5 Sprungserien à 6 Sprünge	30	-	
AUSDAUER					
Laufen	X	30 min		165 Hf/min	peripher müde
Steppen					
Radeln					
TEILE					
Statische Kraftteile					
Dynamische Kraftteile		3X10 LS zum Aufwärmen	10		
Schritte	X	3 Übungen	20		
Arme	X	Auf Synchronität	15		
Sonstiges					
ÜBUNG					
Ganz	X	4		185 Hf/min	
1/2					
1/3					
Anfang/Schluss/ Sonstiges	X	Pyramide geübt,	20		
Bemerkungen:					

Diese einfache Art der Trainingsprotokollierung ermöglicht eine schnelle und übersichtliche Auswertung für eine entsprechende Trainingsinhaltsanalyse.

In regelmäßigen Abständen müssen neben der ständigen Trainingsinhaltsanalyse gezielte Trainingskontrollen durchgeführt werden, um Leistungsfortschritte erkennen zu können. Die Kontrolle kann durch folgende Methoden erreicht werden:
- Subjektive Betrachtung durch den Trainer
- Objektive sportmotorische Leistungstests
- Sportwissenschaftliche Leistungsdiagnostik.

Trainingsauswertung

Ebenso wichtig wie die Planung ist die systematische Protokollierung und Auswertung des Trainings. Der Vergleich von Ist- und Sollwert ermöglicht die Formulierung neuer Trainingsinhalte und -ziele. Die regelmäßige und sorgfältige Auswertung des Trainings ist für den Trainer aus folgenden Gründen von großem Vorteil: Er erhält einen Überblick über

- die Trainingshäufigkeit, -intensität und den -umfang .
- die Umsetzung der Trainingsprogramme.
- die Übereinstimmung der Trainingsinhalte mit dem langfristigen Trainingsplan.

Erst mit diesen Erfahrungswerten kann der Trainer auf Dauer das Training im Sinne einer optimalen Leistungsentwicklung effizient regeln und steuern.

2.4 Steuerung der Trainingsbelastung

Die im Training eingesetzten Übungen stellen die Belastung für den Organismus dar und lösen eine Anpassungsreaktion aus. Durch die Belastungsreize kommt es zu der Folgekette: Belastung – Störung der Homöostase – Anpassung – erhöhter Funktionszustand. Grund hierfür sind die biologischen Gesetzmäßigkeiten der Wiederherstellung nach einer Ermüdung. Die Trainingsbelastung muss nun so gestaltet werden, dass der erhöhte Funktionszustand, also die Leistungssteigerung, so optimal verläuft wie möglich. Dazu bedarf es der Kenntnis der Einzelkomponenten der Gesamtbelastung, um diese richtig zu dosieren. Man spricht deshalb von den Belastungskomponenten oder auch Belastungsnormativen. Sie stehen in einer Wechselbeziehung zueinander und charakterisieren die geleistete Belastung in quantitativer und qualitativer Hinsicht. Im Einzelnen unterscheidet man:

- Reizintensität (Stärke des einzelnen Reizes)
- Reizdichte (zeitliches Verhältnis von Belastung und Erholung)
- Reizdauer (Dauer des einwirkenden Reizes)
- Reizumfang (Dauer und Zahl der Reize pro Trainingseinheit)
- Trainingshäufigkeit (Zahl der Trainingseinheiten pro Woche).

Diese Komponenten bestimmen das „Wie" des Trainings. Der Trainingsinhalt „Laufen" ist zunächst neutral zu sehen. Er kann der Verbesserung der Ausdauer, Schnelligkeit oder auch der Geschicklichkeit dienen. Erst wenn über das „Wie" entschieden wird, erfolgt die Zielorientierung: Wie schnell (Reizintensität), wie lange (Reizdauer), wie oft (Reizumfang) und mit welchen Pausen (Reizdichte) soll der Sportler laufen? Im Vordergrund der Dosierung stehen dabei immer Intensität und Umfang, zumindest zur groben Dosierung der Trainingsbelastung in der mittel- bis langfristigen Trainingsplanung. Die Intensität wird durch die Geschwindigkeit, Herzfrequenz, Laktatwert oder durch das Gewicht (höchstmögliches Gewicht entspricht 100% im Krafttraining) bestimmt. Es können auch Rangskalen (Tab. 5) verwendet werden, wenn subjektive Erfahrungswerte vorliegen. Der Umfang gibt die Gesamtmenge an Belastungsreizen in einer Trainingseinheit oder auch über längere Trainingsabschnitte an. Messgrößen sind hier zurückgelegte Trainingsstrecken, Zeiteinheiten, Gesamtgewichtsangaben oder Wiederholungszahlen.

Tab. 5: Rangskalen zur Abschätzung der Reizintensität im Kraft- und Ausdauertraining (nach CARL und MARTIN 1977)

Krafttraining (nach CARL)	Intensität	Ausdauertraining (nach MARTIN)	Puls (Schläge pro Minute)
30-50% ←	gering	→ 30-50% →	130-140
50-70% ←	leicht	→ 50-60% →	140-150
70-80% ←	mittel	→ 60-75% →	150-165
80-90% ←	submaximal	→ 75-85% →	165-180
90-100% ←	maximal	→ 85-100% →	180
			(bei Kindern höher)

Zur spezifischen Belastungssteuerung müssen jedoch differenziertere Abstufungen vorgenommen werden, da die einzelnen Belastungskomponenten in einem gegensinnigen Einfluss zueinander stehen. Hohe Intensitäten und hohe Umfänge schließen sich beispielsweise gegenseitig aus. Daher muss in der Trainingsplanung diese gegenseitige Abhängigkeit genau bedacht und geplant werden, denn jede Veränderung einer Komponente kann die Veränderung einer anderen notwendig machen.

Zur Qualifikation eines Trainers gehört das Wissen um die Feinabstimmung und akzentuierte Auswahl der entsprechenden Belastungskomponenten. Nicht zuletzt spielt für die Effektivität eines Trainings auch noch die Trainingshäufigkeit eine Rolle. Dabei gilt nach Untersuchungen von MELLER/MELLEROWICZ (1968) an eineiigen Zwillingen der Leitsatz: Ein mehrmaliges, intensiveres Training (täglich bis zweimal täglich) ist wirkungsvoller, als wenn seltener, aber mit größerem Umfang bei gleicher Gesamtbelastung trainiert wird.

2.5 Periodisierung des Trainings

Da sich der Sportler im Verlauf seines langjährigen Trainingsprozesses nicht ununterbrochen „in Form" befinden kann, wird der Zyklus eines Trainingsjahres nochmals untergliedert. Der Aufbau der sportlichen Form und individuellen Höchstleistung, die Erhaltung bzw. der Verlust wird einer zyklisch sich wiederholenden Periodisierung unterworfen. Diesen Phasen der Formentwicklung im Ganzjahreszyklus entsprechen drei Trainingsperioden mit unterschiedlicher Zielstellung:

1. Die *Vorbereitungsperiode* hat die Entwicklung der sportlichen Form zum Ziel.
2. Die *Wettkampfperiode* entwickelt die sportliche Form weiter und aktualisiert sie durch Teilnahme an Wettkämpfen.
3. Die *Übergangsperiode* dient der aktiven Erholung und Regeneration des Sportlers, wobei der Verlust der sportlichen Form bewusst eingeleitet wird.

Diese Phasen der Formentwicklung erreichen im Laufe des langfristigen Trainingsprozesses ein stetig zunehmendes Niveau und führen letztlich zur angestrebten individuellen Höchstleistung (vgl. WEINECK, 1985). Dabei durchläuft jeder Sportler diese Periodisierung, gleichgültig in welcher Trainingsstufe er sich befindet. Prinzipiell unterscheidet man im heutigen Hochleistungssport zwischen Einfach- oder Doppelperiodisierung. Die Einfachperiodisierung arbeitet auf einen Höhepunkt im Gesamtablauf des Trainingsjahrs hin und kennt damit nur eine Wettkampfperiode (vgl. Abbildung 4).

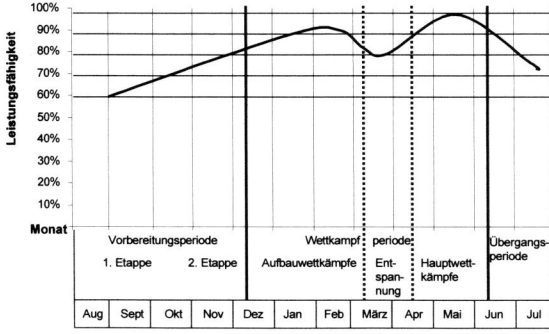

Abb. 4: Eingipflige Jahresperiodisierung mit idealisierter Leistungsfähigkeitskurve

Die Doppelperiodisierung berücksichtigt zwei Jahresgipfel, wenn die Topform zu zwei auseinander liegenden Zeitpunkten erreicht werden soll. Der Sportler müsste sonst bei einer eingipfligen Periodisierung über einen zu langen Zeitraum seine sportliche Form bewahren. Außerdem dient bei der Doppelperiodisierung der erste Gipfel dem zweiten als Vorbereitung, da die Doppelperiodisierung innerhalb eines Jahres eine sportliche Form auf höherem Niveau zulässt. Die Periodisierung richtet sich nach der Qualifikation und der Wettkampfauswahl des Sportlers. Im Normalfall wird in der Aerobic der Trainingszyklus zweimal im Verlauf des Jahres wiederholt, da die wichtigsten Aerobic-Wettkämpfe zeitlich zu weit auseinander liegen. Nachdem aber der Wettkampfkalender keine genauen Halbjahreszyklen zulässt, weil zwischen den nationalen Qualifikationen und den internationalen Wettkämpfen nur einige Wochen und nicht Monate liegen, werden bei der Doppelperiodisierung keine sechs Trainingsperioden durchlaufen. Die Übergangsperiode verschmilzt mit der Vorbereitungsperiode 2, wodurch sich nur fünf statt sechs Trainingsphasen ergeben (vgl. Abb. 5).

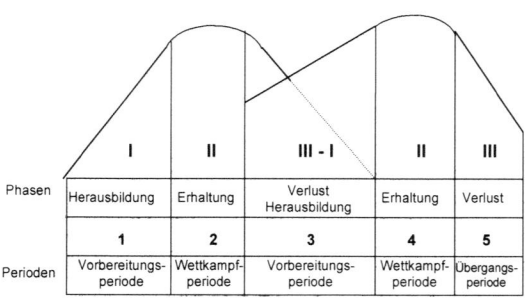

Abb. 5: Schematische Darstellung der Doppelperiodisierung (WEINECK, 1985)

Die Jahresperioden schreiben die Grobplanung der Gesamtbelastung vor, wobei sich innerhalb der Perioden vor allem das Verhältnis von Umfang und Intensität der Belastung unterscheiden. Demnach haben die Perioden in der Aerobic grundsätzlich folgendes Aussehen:

Vorbereitungsperiode in zwei Etappen

Erste Etappe:

- Schaffung von physischen, psychischen und anderen Voraussetzungen.
- Ansteigender Belastungsumfang, der Umfang ist deutlich höher als die Intensität.
- Training von allgemein entwickelnden Übungen, wie z.B. mit leichtathletischer Laufschule zur Koordinationsschulung, Athletikkonditionierung mit turnerischen Elementen.

- Schwerpunktsetzung auf Maximalkraftentwicklung und aerobe Ausdauer.
- Erste Überlegungen zur neuen Choreografie, Musikauswahl.
- Dauer: ca. 2-2 1/2 Monate.

Zweite Etappe:
- Aufbau der Wettkampfleistung, Fertigstellen der Choreografie.
- Anteil der allgemeinen Übungen geht zugunsten der speziellen Technikübungen zurück (Training der Schwierigkeitselemente).
- Trainingsbelastung wird wettkampfspezifischer, Anteil von Durchläufen der Kürübung höher.
- Gesamtumfang bleibt konstant, Intensität steigt deutlich an.
- Im konditionellen Bereich Schwerpunktsetzung auf Kraftausdauertraining und Intervalltraining (erst extensiv, dann intensiv) im Ausdauerbereich.
- Dauer: ca. 1-2 Monate; Ziel ist, mindestens den Leistungsstand vom Vorjahr zu erreichen.

Wettkampfperiode
Erste Etappe:
- Aufbau- und Trainingswettkämpfe (2-8 Wochen), eventuell Showauftritte zur Imitation von Wettkampfbedingungen.
- Im Konditionsbereich: Verbesserung der Laktattoleranz mit Überdistanztraining (= Doppelübungen), Maximalkrafttraining.

Zweite Etappe:
- Kurze Entspannungsphase (1-4 Wochen).
- Verbesserung erkannter Mängel aus den Aufbauwettkämpfen, Veränderungen der Choreografie und Elemente (wenn notwendig).
- Technik-, Choreografietraining als Schwerpunkt.
- Krafttraining in Form von sportartspezifischen Krafttrainingsübungen.

Dritte Etappe:
- Hauptwettkämpfe (2-4 Wochen), mit reduziertem Trainingsumfang, aber sehr hoher Intensität.
- Hauptsächlich Training von ganzen, halben oder von Teilen der Kürübungen.
- Ziel: nach ca. 3-8 Wochen soll der Leistungsgipfel erreicht sein.

Zwischenperiode
- Für 3-5 Tage komplette Reduktion der aerobicspezifischen Trainingsbelastungen.
- Aktive Erholung durch andere Sportarten, jedoch keine Trainingspause.
- Konditionstraining: Kompensatorisches Training zur Regeneration.
- Beginn mit Techniktraining, zunächst keine hohen Intensitäten und Umfänge für 1-2 Wochen, dann stetige Steigerung der Intensität.
- Ziel: Nach ca. zwei Wochen des erlaubten Formverfalls wird in einem sehr verkürzten Zeitraum erneut eine sportliche Form aufgebaut, die sogar etwas höher liegen soll als die erste.
- Dauer der Zwischenperiode ca. 4-8 Wochen.

Zweite Wettkampfperiode
Erste Etappe:
- Formüberprüfung mit einem Trainingswettkampf, Test der neuen Elemente oder notwendig gewordenen Änderungen.
- Überwiegend Technik- und Choreografietraining.
- Ausdauertraining im Regenerationsbereich zur schnelleren Erholung.

Zweite Etappe:
- Zeitpunkt des absoluten Höhepunkts im Jahr.
- Trainingsumfang ist deutlich reduziert, Intensität dagegen sehr hoch.
- Dauer: 2-4 Wochen.

Übergangsperiode
- Dauer: ca. 4-6 Wochen.
- Ziel: Vollständige physische wie psychische Erholung.
- Aktive Erholung: Andere Sportarten betreiben, Training von allgemein entwickelnden Übungen, Einbettung von psychisch entspannenden Aktivitäten.
- Umfang und Intensität verringern, Wechsel der Anforderungsinhalte.
- Orts- und Klimawechsel, wenn möglich.
- Leistungsniveau möglichst nicht stark senken.

Jahresperiodisierung in der Aerobic

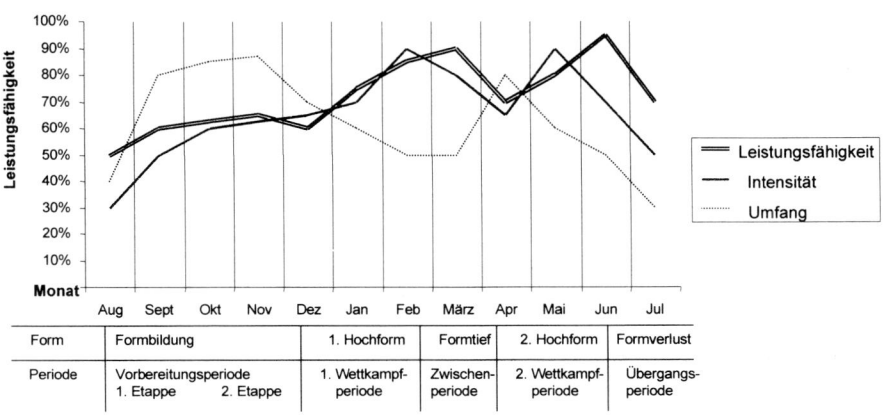

Form	Formbildung		1. Hochform	Formtief	2. Hochform	Formverlust
Periode	Vorbereitungsperiode 1. Etappe	2. Etappe	1. Wettkampf- periode	Zwischen- periode	2. Wettkampf- periode	Übergangs- periode

Jahresperiodisierung in der Aerobic

Verhältnis von Kraft-, Ausdauer-, Technik- und Choreografietraining

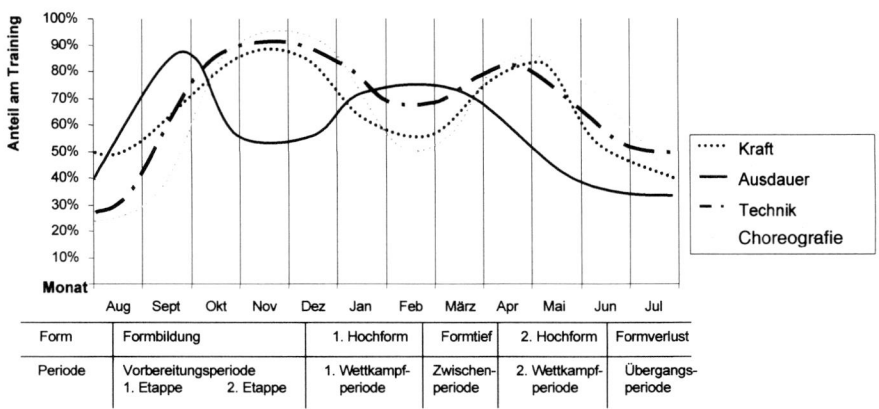

Form	Formbildung		1. Hochform	Formtief	2. Hochform	Formverlust
Periode	Vorbereitungsperiode 1. Etappe	2. Etappe	1. Wettkampf- periode	Zwischen- periode	2. Wettkampf- periode	Übergangs- periode

Abb. 6 und 7: Jahresperiodisierung in der Aerobic

Die Doppelperiodisierung in der Aerobic hat einige Vorteile. So kommt es zu einem erhöhten Leistungszuwachs, da in der Zwischenperiode zwar die Trainingsintensität zunächst abgesenkt wird. Der Umfang wird aber bald wieder zur Vorbereitung des zweiten Gipfels reduziert und die Belastung wettkampfspezifischer, was insgesamt eine Intensitätssteigerung zur Folge hat. Des Weiteren verliert der Sportler bei längerer Wettkampfpause die typischen physischen und psychischen Wettkampfmerkmale wie Wettkampfhärte, Tempohärte, Nervenstärke und Schmerztoleranz. Außerdem führen lange Wettkampfpausen zur Monotonie und haben Motivationsverluste zur Folge. Nicht zuletzt kann die Wettkampfperiode 1 als Leistungskontrolle für den absoluten Höhepunkt im Jahr, die Wettkämpfe in der zweiten Wettkampfperiode, dienen.

Als Nachteil muss man eingestehen, dass die Wettkämpfe in der ersten Wettkampfperiode den Trainingsrhythmus und die Vorbereitung für die Wettkampfperiode 2 stören. Noch schlimmer ist jedoch, dass eine zu hohe Wettkampfhäufigkeit zwangsläufig die zumutbaren Trainingsbelastungen und -umfänge in den Vorbereitungsperioden 1 und in der Zwischenperiode vermindert, was sich wiederum negativ auf die Topform in der Wettkampfperiode 2, dem eigentlichen Höhepunkt, auswirken kann.

Aus diesen Erfahrungen heraus werden für die Gestaltung des individuellen Wettkampfkalenders folgende Forderungen gezogen:
1. Wettkämpfe müssen so verteilt werden, dass sich der Sportler auf ein oder zwei Höhepunkte konzentrieren kann.
2. Die Anzahl der Wettkämpfe muss so gewählt werden, dass sie zur Verbesserung der Leistungsfähigkeit führen, sich aber nicht als Überlastung auswirken.
3. Die Wettkämpfe müssen einen aufsteigenden Schwierigkeitsgrad haben.
4. Die Hauptwettkämpfe dürfen nicht in die Vorbereitungsperiode fallen; auch Wettkämpfe in der Übergangsperiode sind nicht sinnvoll.

Trainingsplanung im Makrozyklus

Ein Makrozyklus umfasst einen mittelfristigen Abschnitt von ca. 3-6 Wochen. Ziel ist eine spezifische (Teil-) Entwicklung leistungsbestimmender Fähigkeiten, da viele Anpassungserscheinungen in dem Zeitrahmen von 4-6 Wochen erfolgen. Dieser Planungsabschnitt hat sich in der Praxis bewährt. Die Belastungskomponenten Umfang und Intensität können auf diese Weise dem neuen, gesteigerten Leistungsniveau angepasst werden. Des Weiteren kann durch eine regelmäßige Veränderung der Trainingsinhalte dem Trainingsprinzip der variierenden Belastung Rechnung getragen werden. Dadurch wird Monotonie und Langeweile im Training vermieden. Nach jedem Makrozyklus sollte ein objektiver Trainingstest den aktuellen Leistungsstand analysieren, um entsprechend auf Veränderungen eingehen zu können.

Trainingsplanung im Mikrozyklus
Die Trainingseinheiten müssen inhaltlich so konzipiert sein, dass mindestens täglich, wenn nicht sogar zwei Trainingseinheiten pro Tag im Hinblick auf die Gesamtbelastung vom Sportler toleriert werden können. Die Trainingseinheiten der darauf folgenden Tage müssen entsprechend den Erholungszeiten gestaltet werden. Nur bei einer richtigen Konzeption der Trainingseinheiten ist eine Summierung der leistungssteigernden Effekte gewährleistet.

2.6 Besonderheiten des Kinder- und Jugendtrainings

Viel zu oft wird auch heute noch das Kinder- und Jugendtraining in Form eines reduzierten Erwachsenentrainings gestaltet. An immer jüngere Kinder werden immer höhere Anforderungen gestellt, die weder aus biologischer noch aus pädagogischer Sicht dem Entwicklungsstand gerecht werden. Kinder und Jugendliche müssen schonend und langfristig an Spitzenleistungen herangeführt werden.

Dazu muss der Trainer über das entsprechende Wissen bezüglich

- der psychomotorischen[2] Entwicklung des Kindes und der Jugendlichen und
- der biologischen Adaptationsprozesse auf Trainingsreize in den einzelnen Altersstufen verfügen.

Kinder und Jugendliche besitzen in bestimmten Entwicklungsphasen spezifische Leistungsdispositionen und sind nicht durchgängig gleichmäßig belastbar wie etwa Erwachsene. Aus diesen Tatsachen heraus ergeben sich eigene Zielsetzungen und ein differenzierter langjähriger Leistungsaufbau während der gesamten Kinder- und Jugendjahre, d.h. über etwa zehn Jahre vom Anfängertraining mit 6/7 Jahren bis zum Hochleistungsbereich mit 17/18 Jahren.

Die motorische Entwicklung verläuft nicht linear, sondern schubweise. Durch die Entwicklungsschübe verändert sich die Trainierbarkeit der einzelnen leistungsbestimmenden Faktoren geradezu sprunghaft: Am Ende solcher Reifeschübe sind besonders günstige Bedingungen für das Training motorischer Fähigkeiten gegeben; man nennt diese idealen Zeiträume „sensible Phasen". Dies sind relativ kurze Abschnitte im gesamten Entwicklungsprozess, in denen nur ganz bestimmte Fähigkeiten sehr empfindlich auf Belastungsreize reagieren und daher eine umfangreichere und intensivere Anpassung erfolgen kann als zu anderen Zeitpunkten. Die folgende Abbildung 8 gibt eine Übersicht der für einzelne Fähigkeiten sensiblen Phasen.

---

[2] Psychomotorik = Wechselwirkung zwischen Psyche und Physis bei Bewegungshandlungen.

Abb.8: Modell der sensiblen Phasen (in Anlehnung an MARTIN 1982)

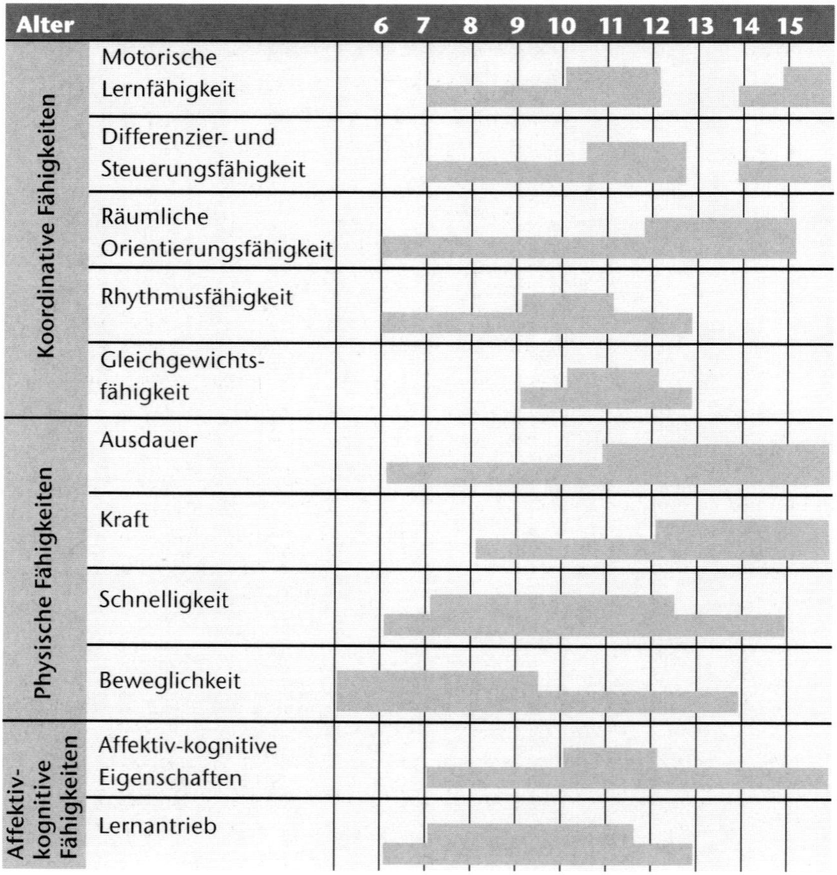

Alter		6	7	8	9	10	11	12	13	14	15
Koordinative Fähigkeiten	Motorische Lernfähigkeit		▓	▓	▓	▓	▓	▓			▓	▓
	Differenzier- und Steuerungsfähigkeit						▓	▓	▓	▓	▓	▓
	Räumliche Orientierungsfähigkeit								▓	▓	▓	▓
	Rhythmusfähigkeit					▓	▓	▓	▓			
	Gleichgewichtsfähigkeit						▓	▓	▓	▓		
Physische Fähigkeiten	Ausdauer			▓	▓	▓	▓	▓	▓	▓	▓	▓
	Kraft							▓	▓	▓	▓	▓
	Schnelligkeit			▓	▓	▓	▓	▓	▓	▓		
	Beweglichkeit		▓	▓	▓	▓	▓	▓	▓	▓		
Affektiv-kognitive Fähigkeiten	Affektiv-kognitive Eigenschaften							▓	▓	▓		
	Lernantrieb			▓	▓	▓	▓	▓				

Wenn in diesen Entwicklungsphasen die adäquaten Trainingsreize nicht gesetzt werden, kann dies später nur mit einem großen Trainingsaufwand kompensiert werden.

Aus diesem Grund sollte keine zu frühen Spezialisierung des Trainings auf einseitige aerobicspezifische Trainingsinhalte erfolgen. Im Anfängerbereich muss der junge Sportler die Möglichkeit bekommen, möglichst vielfältige Bewegungserfahrungen sammeln zu können. Nur dann kann er später beim Erlernen der komplexen Schwierigkeitselemente auf einen reichhaltigen Erfahrungsschatz zurückgreifen und Koordinationsbarrieren verhindern. Des Weiteren müssen die wachstumsbedingten Besonderheiten des Kindes- und Jugendalters beachtet werden.

Die Körperproportionen verändern sich in den einzelnen Wachstumsperioden ständig: Phasen des Längenwachstums (Streckung) wechseln sich mit Zeiträumen des Massenwachstums (Fülle) ab. Der größte Wachstumsschub erfolgt in der Pubertät (Beginn mit dem 11.-13. Lebensjahr bei Mädchen, bei Jungen 13.-15. Lebensjahr). Nicht nur der „neue" Körper, auch die gleichzeitig einsetzenden psychophysischen Veränderungen stellen einen tief greifenden Einschnitt für die Sportler dar und müssen daher in der Trainingsplanung berücksichtigt werden.

Mit der Wachstumsgeschwindigkeit hängt auch eine besondere Empfindlichkeit des Gewebes zusammen. Kinder und Jugendliche sind im Vergleich zu Erwachsenen in wesentlich ausgeprägterem Maß der Gefahr von Überlastungsschäden durch unphysiologische Trainingsreize ausgesetzt. Im Kindes- und Jugendalter stellt aus orthopädischer Sicht die individuelle Belastbarkeit des Knochen-, Knorpel-, Sehnen- und Bänderapparates für die Trainingsgestaltung die limitierende Größe dar. Die Knochen sind zwar erhöht biegsam, aber vermindert zug- und druckfest. Das Gleiche gilt für das Sehnen- und Bändergewebe. Das Knorpelgewebe bzw. die noch nicht verknöcherten Wachstumsfugen sind aufgrund ihrer hohen, wachstumsbedingten Teilungsrate stark gefährdet gegenüber allen starken Druck- und Scherkräften.

Bezüglich des aktiven Bewegungsapparates muss der Trainer beachten, dass ein Muskelaufbautraining vor der Pubertät nicht sonderlich lohnend ist. Die für das Muskelwachstum notwendigen Hormone (vor allem das männliche Sexualhormon Testosteron) sind vor der Pubertät noch sehr niedrig. Mit Beginn der Geschlechtsreife jedoch erfolgt vor allem bei den Jungen eine ausgeprägte Zunahme der Muskelmasse. Parallel dazu bewirkt der Testosteronanstieg eine Enzymfolge, die unter anderem zu einer Verbesserung der anaeroben Arbeitsfähigkeit des Muskels führt. Dennoch haben Untersuchungen aufgezeigt, dass Kinder in der vorpuberalen Phase in der Lage sind, durch Krafttraining ihre Maximalkraft deutlich zu verbessern, nämlich durch Adaptationen des Nervensystems. In dieser Zeit wird durch Training das neuromuskuläre System (Koordination) durch eine effektive Ausnutzung des vorhandenen Muskelpotenzials verbessert, ohne gleichzeitige Vergrößerung des Muskelquerschnitts. Deshalb ist ein kindgerechtes Krafttraining durchaus sehr sinnvoll. Die anaerobe Kapazität nimmt erst mit dem Eintritt in die Pubertät zu, bei Kindern ist die Milchsäurebildung noch sehr eingeschränkt. Sie haben im Vergleich zu Erwachsenen eine geringere Fähigkeit zur anaeroben Energiegewinnung. Dagegen ist die Fähigkeit zur aeroben Energiegewinnung erhöht. Dies sollte vor allem beim Ausdauertraining beachtet werden: So sind z.B. intensive Intervalle im anaeroben-laktaziden Bereich im Kindesalter nicht empfehlenswert, geringe anaerobe Belastungen sind möglich.

Aus pädagogischer Sicht kann nur vor einem altersunspezifischen, zu harten Training unter Erwachsenenbedingungen gewarnt werden. Im Sinne eines langfristigen Leistungsaufbaus ist es unsinnig und auch nicht entwicklungsgemäß, Kinder zu früh an ihre absoluten Leistungsgrenzen zu führen und später notwendige Leistungsreserven zu früh zu mobilisieren. Das Training muss so gestaltet werden, dass es den Belangen und Bedürfnissen der Kinder nach freudvollen, spielerischen und phantasievollen Bewegungsaufgaben und Lerngelegenheiten entspricht. Ansonsten werden nur hohe Drop-out-Quoten die Folge sein: wenig sinnvoll für eine Sportart, die bis ins dritte Lebensjahrzehnt auf höchstem Niveau ausgeübt werden kann.

Diese genannten Besonderheiten im Kindes- und Jugendalter wirken sich natürlich enorm auf die Trainingspraxis aus. Die folgende Tabelle zeigt die wichtigsten koordinativen, konditionellen und affektiv-kognitiven Fähigkeiten und ihre altersbezogenen Trainingsziele auf.

Tab. 6: Trainingsziele im mehrjährigen Perspektivplan
für Kinder und Jugendliche in der Aerobic

Altersstufe / Grundlagen- + Aufbautr.	6-10 Jahre	10-12 Jahre	12-14 Jahre	14-16 Jahre	16-17 Jahre
KOORDINATIV- KONDITIONELLER BEREICH — **Allgemeine Koordinations-fähigkeit**	Schulung aller koordinativen Fähigkeiten	Verbesserung der aerobic-spezifischen Koordination	Körperbeherrschung und Geschicklichkeitstraining	Entwickeln neuer, komplexer Bewegungen mit Hilfe einer vielfältigen Körperbeherrschung und -wahrnehmung	Verbesserung der Koordinationsfähigkeit bei gestiegenen Anforderungen
Technische Fertigkeiten	Erlernen grundlegender technischer Fähigkeiten und Fertigkeiten	Schaffen technischer Grundlagen, Erlernen erster Elemente, Haltungs- u. Spannungsübungen	Stabilisierung der erlernten Techniken trotz gesteigerten Längenwachstums	Erlernen neuer Techniken auf der Grundlage des bisher Gelernten	Technik unter erschwerten Bedingungen automatisieren (höheres Tempo, Partnerbezug, etc.)
Allgemeine und spezielle Kondition	Laufen, Hüpfen, Springen, Rollen, Spiele,	Training der aeroben Ausdauer und allg. Kraft	Gesteigerte Aufgabenstellung in der Kraft-,	Ständige Belastungserhöhung,	Gezielte Verbesserung der anaeroben Kapazität,

KOORDINATIV- KONDITIONELLER BEREICH

	aerobes Ausdauertraining, gezieltes Beweglichkeits-, Schnelligkeits- und Schnellkrafttraining	durch Spielformen, Zirkeltraining. Beginn: Maximalkrafttraining an und mit Geräten	Schnelligkeits- und Ausdauerschulung, vor allem Schnellkraft und Muskelaufbau	Beginn der Trainierbarkeit der intramuskulären Koordination und Kraftausdauer	Hypertrophieverstärkung, Intensivierung des Sprung- und reaktiven Krafttrainings
Aerobic-Basics	Kids-Aerobic, Bewegen auf Musik, Sing- und Tanzspiele	Kids-Aerobic Erlernen verschiedener mod. Tänze/Step-Aerobic	Aerobic-Basics und Step-Aerobic	Aerobic-Basics mit Zusatzbelastungen, anspruchs volle Choreografien	Möglicherweise eigenes Unterrichten
Ballett-training	Erste Grundlagen, Haltungsschulung, Verbesserung der aktiven und passiven Beweglichkeit	Vertiefung der Balletttechnik, Verbesserung der aktiven und passiven Beweglichkeit	Verbesserung der Mittelkörperspannung, spezifische Balletttechniken	Ballett zur Verbesserung der Bein- und Fußtechnik, Haltungs- und Spannungstraining	Ballett vor allem in der Vorbereitungsperiode zur Verbesserung der Technik
Dauerhafte Freude an der Aerobic und am Trainieren	Freude am Üben und Erlernen neuer Bewegungsaufgaben,	Freude am Training und der Anstrengung	Freude an Wettkämpfen und Leistungsvergleichen,	Freude an der Entwicklung der eigenen Leistungsfähigkeit	Freude am zielgerichteten Trainieren und

		Vermitteln von Erfolgserlebnissen		erstes Selbstständigkeitsstreben	und deren Steigerung	der leistungssportlichen Konkurrenz
SOZIO-EMOTIONALER BEREICH	**Leistungsbereitschaft in Training und Wettkampf**	Gestellte Aufgaben im Training erfüllen. Kleine Wettbewerbsformen einbauen	Freude an der Bewegung und überschießende Kraft in sportliche Leistung ummünzen	Entwicklungsbedingte Unlustgefühle und Leistungseinbrüche bewältigen lernen	Streben nach persönlicher Bestleistung auch im Team	Auftretende Interessenkonflikte sozial lösen, Entwicklung zusätzlicher Motive
	Kooperationsfähigkeit und Toleranz im Team	Erleben des Trainings in der Gruppe	Lernen, die Aufgaben in der Gruppe umzusetzen, Freunde gewinnen	Das Team als Gruppe mit gleichen Interessen, Normen erleben	Sich in die Teamhierarchie einfügen und akzeptieren lernen	Eigene Interessen zum Zwecke der Leistungssteigerung des Teams zurückstellen lernen
	Eigenverantwortlichkeit	Lernen, den Traineranweisungen Folge zu leisten, Regeln einhalten lernen	Selbstständig gestellte Aufgaben erfüllen. Lernen, eigene Fehler zu erkennen	Sich aktiv ins Training einbringen, Mithelfen bei Korrekturen und Hilfestellungen	Leben auf den Leistungssport abstimmen, Lernen, Rückmeldung geben zu können	Zur Trainingsplanung selbst mit beitragen, Team unterstützen durch Eigenleistung

3 Kondition und Konditionstraining

3.1 Faktoren der Kondition

In der Literatur findet man für den Begriff „Kondition" zwei verschiedene Begriffsfassungen. Die umfassendere Definition versteht unter Kondition nicht nur die physische, sondern auch die psychische Verfassung sowie die Bereitschaft eines Sportlers, den spezifischen Anforderungen einer Sportart gerecht zu werden. Dabei beruht die allgemeine Kondition einerseits auf einem hohen Entwicklungsgrad der motorischen Hauptbeanspruchungsformen[1] Kraft, Schnelligkeit, Ausdauer, Koordination und Flexibilität und andererseits auf einer psychischen Belastbarkeit des Sportlers im Training und im Wettkampf (s. Abbildung 10).

Die in der Sportpraxis üblicherweise engere Begriffsfassung von Kondition bezieht die psychische Komponente in die Definition nicht mit ein, sondern versteht unter der Kondition die motorischen Hauptbeanspruchungsformen[1] Kraft, Ausdauer, Schnelligkeit, Beweglichkeit und Koordination sowie deren Teilfähigkeiten und Mischformen.

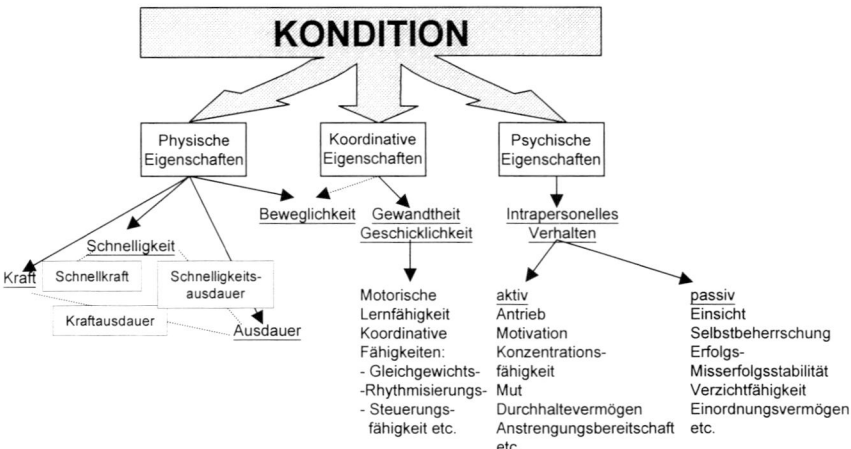

Abb. 9: Kondition als Summe psychophysischer und koordinativer Eigenschaften (modifiziert in Anlehnung an LETZELTER 1985)

---

[1] Auch konditionelle Fähigkeiten oder Eigenschaften genannt.

Da zwischen den physischen und den psychischen Eigenschaften eine ständige Wechselwirkung besteht, ist im Hinblick auf das Erreichen hoher Wettkampfleistungen die Berücksichtigung des weiteren Konditionsbegriffs angeraten. Im nachfolgenden Teil wird jedoch von der engeren Begriffsfassung ausgegangen, da der psychische Bereich unter Punkt 6.3 „Motivation" gesondert abgehandelt wird. Schließlich wird noch zwischen der *allgemeinen* und der *speziellen* Kondition unterschieden. In Bezug auf die allgemeine sportliche Leistungsfähigkeit spricht man von der allgemeinen Kondition. In Bezug auf die optimale Ausbildung sportartspezifischer Leistungskomponenten spricht man von der speziellen Kondition. Als Basis hierfür sollten die allgemeinen konditionellen Eigenschaften gut ausgebildet sein. Die spezielle Kondition kann aber nur durch Spezialübungen oder Wettkampfübungen ausgebildet werden.

3.2 Krafteigenschaften und -training

Kraft wird im Sport definiert als die Fähigkeit des Nerv-Muskelsystems, durch Muskeltätigkeit Widerstände zu überwinden (*konzentrische* Kontraktion), ihnen entgegenzuwirken (*exzentrische* Kontraktion) bzw. sie zu halten (*isometrische* Kontraktion). Widerstände sind dabei in der Aerobic der Körper des Sportlers, dessen Schwerkraft und Trägheit, die bei der Durchführung von Aerobic-Elementen überwunden werden müssen. Hierbei leistet die Muskulatur ihre Kraftarbeit aufgrund verschieden auftretender bzw. einwirkender Widerstände und Bewegungsaufgaben mit zwei unterschiedlichen Arbeitsweisen, denen jeweils spezifische Muskelkontraktionsformen zugrunde liegen (s. Tab. 7).

Tab. 7: Arbeitsweisen und Kontraktionsformen der Muskulatur mit Beispielen aus der Aerobic

Muskelarbeitsweisen		Kontraktionsformen	Beispiel
Dynamisch	– überwindend	→ konzentrisch	→ Sprung
	– nachgebend	→ exzentrisch	→ Landung eines Sprungs
Statisch	– haltend	→ isometrisch	→ L-Support
	– bewegend	→ auxotonisch	→ Bewegung zum V-Support zu einer Seite

Die motorische Kraft tritt bei verschiedenen Sportarten bzw. sportlichen Leistungen zum Teil in unterschiedlichen Formen auf. Im Wesentlichen handelt es sich dabei je nach der Krafthöhe, die die Muskulatur aufbringen kann, je nach der Zeitdauer der eingesetzten Kraft und je nach den entsprechenden energetischen und funktionellen Bedingungen um die drei folgenden Erscheinungsformen:

- Maximalkraft
- Schnellkraft
- Kraftausdauer.

Für den Aerobic-Sportler sind diese verschiedenen Krafteigenschaften nicht gleichrangig zu sehen. Die folgende Abbildung zeigt die konditionelle Fähigkeit Kraft, ihre Erscheinungsformen und deren Bedeutung für die Aerobic (s. Abb. 10).

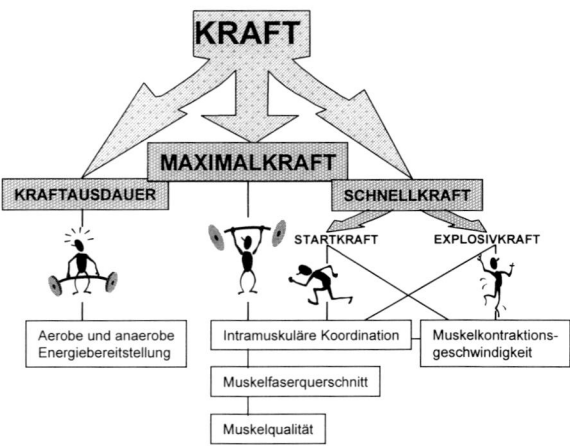

Abb. 10: Die konditionelle Fähigkeit „Kraft", ihre Erscheinungsformen und deren Bedeutung für die Aerobic

Im Einzelnen werden die verschiedenen Krafteigenschaften wie folgt charakterisiert:

Maximalkraft

Die Maximalkraft ist die größtmögliche Kraft, die der Mensch durch Willenseinsatz gegen einen Widerstand entwickeln kann. Die Maximalkontraktionen der Muskulatur können isometrisch, konzentrisch und auch exzentrisch sein. Auch die Muskelarbeitsweise kann statisch wie dynamisch sein. Die Maximalkraft ist umso größer, je dicker die einzelnen Muskelfasern sind (Größe des Muskelquerschnitts) und je besser der Muskel in der Lage ist, möglichst viele der vorhandenen Muskelfasern gleichzeitig zu kontrahieren (= intramuskuläre Koordination).

Schnellkraft

Die Schnellkraft ist die Fähigkeit des neuromuskulären Systems, Widerstände mit hoher Kontraktionsgeschwindigkeit zu überwinden bzw. Widerständen einen möglichst hohen Kraftstoß zu erteilen. Leistungsbestimmende Faktoren der Schnellkraft sind die Maximalkraft, damit auch der Muskelquerschnitt und die intramuskuläre Koordination, die Anzahl der schnellen Muselfasern im Verhältnis zum gesamten Querschnitt und die Art der Energiebereitstellung (d.h. entsprechender Speichervorrat von Phosphor, Kreatin und Glykogen).

Dazu kommt noch die Fähigkeit, möglichst viele Muskelfasern in möglichst kurzer Zeit innervieren zu können (Rekrutierung und Frequenzierung). Des Weiteren ist die Schnellkraft von der Reaktivkraft abhängig. Darunter versteht man die reaktive Spannungsfähigkeit des Muskels, bei hohen Dehnbelastungen in der exzentrischen Phase die Muskelspannung aufrechterhalten zu können. Diese Phase wird auch Dehnungs-Verkürzungs-Zyklus genannt.

Kraftausdauer

Als Kraftausdauer bezeichnet man die Fähigkeit, lang andauernde oder sich wiederholende Kraftleistungen ohne erkennbare Ermüdung ausführen zu können. Diese Ermüdungswiderstandsfähigkeit ist von der Maximalkraft abhängig. Die Kraftausdauer ist eine kombinierte Fähigkeit aus den beiden konditionellen Eigenschaften Ausdauer und Kraft. Je nach Intensität und Umfang ist einmal anteilig eine vermehrte Anforderung an die Ausdauer, zum anderen an die Kraft gestellt, oder beide Eigenschaften sind anteilig gleich erforderlich.

Leistungsbestimmende Faktoren der Kraftausdauer sind Maximalkraft, aerobe und anaerobe Kapazität sowie lokale und zentrale Ermüdung. Ob und wie lange man demnach kraftvolle Bewegungshandlungen durchführen kann, hängt vom Kraftniveau und einer entsprechenden Energieversorgung der ausführenden Muskulatur ab.

Bedeutung der Kraft in der Aerobic

Ohne ein ausreichendes Kraftniveau in der gesamten Rumpf- und Extremitätenmuskulatur kann der Aerobic-Sportler den hohen Ansprüchen der dynamischen, zum Teil explosiven Sportart nicht genügen. Außerdem beeinflussen mangelnde Kraftfähigkeiten auch die übrigen konditionellen Fähigkeiten wie Ausdauer, Schnelligkeit und Beweglichkeit negativ. Von großer Bedeutung ist auch die Verletzungsprophylaxe, denn ohne stabilisierende Kraft wäre der Sportler bei der Ausübung der sportartspezifischen Elemente im höchsten Grad verletzungsanfällig. Er benötigt ein hohes Maß an Maximalkraft, um die statischen und dynamischen Kraftelemente ausführen zu können.

Foto 2: Statische Kraftteile sind wichtige Elemente einer Aerobic-Kür.

Des Weiteren ist die Maximalkraft die Basis für die kombinierten Formen Schnellkraft und Kraftausdauer. Die Schnellkraft braucht man in der Aerobic für alle schnellen Bewegungen: ob als Sprungkraft für die Sprungelemente, als Startkraft beim Beginn einer schnellen Kraftbewegung oder als Explosivkraft, um begonnene Kraftanstiege maximal weiterführen zu können.

Nicht zuletzt ist die Kraftausdauer einer der leistungsbestimmenden Faktoren in der Aerobic, denn die Intensität der kraftvollen Bewegungshandlungen soll auch in der letzten Sekunde der Aerobic-Kür nicht nachlassen und stellt daher auch ein wichtiges Wertungskriterium dar.

Da die Kraftleistung einen so hohen Anteil an der sportlichen Leistungsfähigkeit in der Aerobic hat, wird in allen Trainingsstufen und Perioden Kraft trainiert, wobei die Schwerpunkte in der Vorbereitungsperiode und in der Zwischenperiode und natürlich nach Verletzungspausen liegen.

3.2.1 Methoden und Inhalte des Krafttrainings

Da die verschiedenen Krafteigenschaften auf unterschiedlichen muskelphysiologischen und neuromuskulären Prozessen aufbauen, müssen sie mit unterschiedlichen Trainingsmethoden trainiert werden. In der Aerobic wird Kraft sowohl mit allgemeinen als auch mit speziell entwickelnden Übungen sowie mit den Wettkampfübungen trainiert. Die allgemein entwickelnden Übungen überwiegen im Anfänger- und Aufbautraining und haben Grundlagencharakter. Die Übungen können sowohl an Krafttrainingsmaschinen als auch mit Hilfsmitteln wie Kleingeräten aus der Turnhalle, Hanteln, elastischen Bändern etc. durchgeführt werden. Die Spezialübungen müssen in der Teilstruktur und im Kraft-Zeitverlauf im Wesentlichen mit der Wettkampfübung übereinstimmen. Sie sind vor allem für das Fortgeschrittenen- und Hochleistungstraining charakteristisch. Die folgende Abbildung 11 gibt einen Überblick über die verschiedenen Krafttrainingsmethoden, wobei die einzelnen Stufen der Pyramide (Methoden) aufeinander aufbauen. Die Trainingsgestaltung im Krafttraining richtet sich nach den Trainingszielen und den individuellen Voraussetzungen.

Gleichgültig, welche Übungsart gewählt wird (allgemein oder speziell), jedes Krafttraining kann mit verschiedenen Trainingsmethoden durchgeführt werden, die wiederum unterschiedliche Anpassungsvorgänge auslösen.

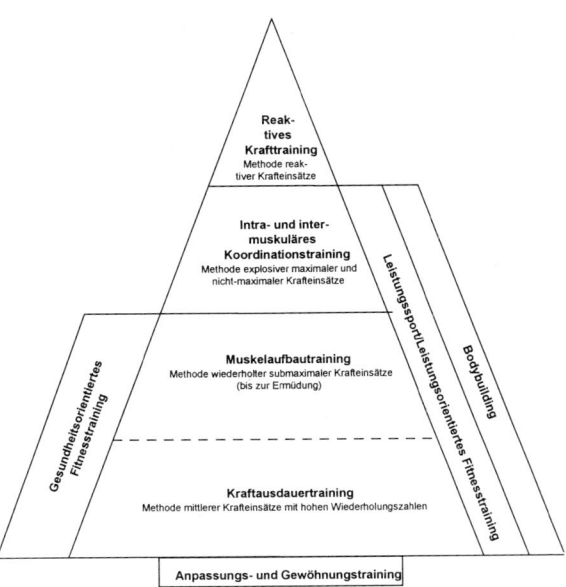

Abb. 11:
Allgemeiner Überblick
über die Methoden des
Krafttrainings
(nach W.-U. BOECKH-
BEHRENS/W. BUSKIES
1995)

Um jedoch die richtigen biologischen wie neuromuskulären Adaptationen zu erzielen, müssen die Belastungskomponenten entsprechend gewählt und eingehalten werden. Die nachfolgende Tabelle 8 zeigt auf, wie die einzelnen Krafteigenschaften zu trainieren sind, welche Anpassungsvorgänge (Trainingseffekte) die einzelnen Methoden auslösen und wann sie im Trainingsprozess sinnvollerweise eingesetzt werden sollten.

Tab. 8: Überblick über Charakteristik und Wirkungsweisen der verschiedenen Krafttrainingsmethoden

METHODEN DES KRAFTTRAININGS				
Krafteigenschaften	KRAFTAUS-DAUER	MAXIMALKRAFT		SCHNELL-KRAFT
Trainingsmethoden / Belastungsnormative	Kraftausdauertraining	Muskelaufbautraining	Intramuskul. Koordinationstraining	Reaktives Krafttraining
Intensität % der K_{max}	65%-30%	85%-65%	100%-85%	Max. Intensität
Krafteinsatz	langsam – zügig	kontinuierlich, langsam–zügig	explosiv	explosiv, exzentrisch-konzentr.
Umfang Wiederholungen	20-50 und mehr	8-12	1-3-7	5-10
Serien	1-3, Fortg. 3-6	Je nach Leistungsniveau	3 und mehr	Je nach Leistungsniveau
Dichte Pausenlänge zwischen den Serien	ca. 3-5 min und länger	2-5 min, je nach Leistungsniveau	3-5 min und länger	Je nach Leistungsniveau und Trainingsperiode
Häufigkeit pro Woche	1-4, je nach Niveau, Ziel und Trainingsperiode	Anfänger 2. Fortgeschrittene 3-4, Hochleistungssportler mehr 4	Je nach Niveau und Trainingsperiode 1-3-mal	Je nach Niveau und Trainingsperiode 1-3-mal

Faserbean-spruchung	Vorwiegend rote Fasern	Vorwiegend rote Fasern	Alle Fasern	Vorwiegend weiße Fasern
Trainings-effekte	• Verbesserung d. Kraftausdauer • Mittlere Zunahme an Muskelmasse • Körperformung • Erhöhung aerobe/anaerobe Stoffwechselvorgänge	• Hypertrophie • Verbesserung der Maximal-, Schnellkraft und Kraftausdauer • Körperformung • evt. neg. Effekt auf Explosiv- und Reaktivkraft	• Verbesserung der Maximal- und Schnellkraft • Verbesserung d. intramuskulären Koordination • Keine od. nur geringe Zunahme an Muskelmasse	• Verbesserung der Reaktivkraft und der reaktiven Spannungsfähigkeit (DVZ-Zyklus) • Verbesserung der Kontraktionsgeschwindigkeit
Einsatz	• In allen Trainingsstufen • In der Vorbereitungsperiode • Reha, Verletzungsprophylaxe • Bodyshaping, d.h. Verbesserung der Muskeldefinition	• In allen Trainingsstufen • Vorbereitungs- und Zwischenperiode • Reha, Verletzungsprophylaxe	• Nicht im Anfängertraining • Am Ende der Vorbereitungs- und in der Wettkampfperiode • Verringerung des Kraftdefizits • Im Anschluss an Muskelaufbautraining	• Nur für Sprungkrafttraining bei Anfängern einsetzen • Verbesserung der Sprungkraft • Zum Teil ganzjährig, vor allem am Ende der Vorbereitungs- und in der Wettkampfperiode

3.2.2 Hinweise zur Durchführung des Krafttrainings

=> *Pausengestaltung*

Um ein optimales Krafttraining zu gewährleisten, ist neben der Berücksichtigung der richtigen Belastungskomponenten auch die Kenntnis der entsprechenden Erholungsparameter zu gewährleisten. Zu kurze oder zu lange Pausen führen u.U. zu nicht beabsichtigten Trainingseffekten. Nach etwa vier Minuten Pause tritt in Anlehnung an Untersuchungen von STULL/CLARKE bei allen Trainingsmethoden eine in etwa vollständige Erholung ein, jedoch summiert sich die Ermüdung langsam auf, sodass mit zunehmender Serienzahl die Pausenlängen erhöht werden müssen. Wird dies nicht beachtet, besteht ein erhebliches Verletzungs- und Überlastungsrisiko. Grundsätzlich richten sich die Pausenzeiten zwischen den Sätzen nach den Trainingsmethoden und -zielen und nach dem Grad des Trainingszustandes des Athleten.

=> *Kraftausdauertraining*

Beim Kraftausdauertraining wird der einzelne Satz nicht bis zur Erschöpfung durchgeführt. Neuere Untersuchungen haben gezeigt, dass es ausreicht, den Satz zu beenden, wenn man ein subjektives Anstrengungsempfinden am Ende eines Satzes hat, das „mittel bis schwer" ist, aber nicht „sehr schwer".

=> *Reaktives Krafttraining*

Ein reaktives Krafttraining sollte aufgrund des hohen koordinativen Anteils in einem relativ erholten Zustand erfolgen. Demnach müssen die Pausen zwischen den Serien mindestens lohnend sein, wenn nicht sogar bis zur völligen Erholung andauern (2-4 min).

=> *Organisationsformen*

Die verschiedenen Trainingsmethoden können in verschiedenen Durchführungs- und Organisationsformen zur Anwendung gebracht werden. In der Trainingspraxis werden diese Durchführungs- und Organisationsformen aber oftmals selbst als Trainingsmethoden deklariert, was terminologisch aber falsch und irreführend ist.

In der Aerobic werden folgende Durchführungs- und Organisationsformen verwendet:

- Stationstraining
- Circuittraining
- Pyramidentraining
- Übungsausführung mit maximalen Wiederholungszahlen.

=> Reihenfolge der Übungen
Die Reihenfolge der Kraftübungen richtet sich ebenfalls nach dem Trainingsziel. Will man z.B. neben dem Krafttraining eine gewisse kardiopulmonale Belastung erreichen, gestaltet man die Pausenzeiten zwischen den Sätzen geringer, wählt aber Übungen mit unterschiedlicher muskulärer Beanspruchung (z.B. wie beim Circuittraining). Soll ein Muskelbereich speziell auftrainiert werden, erfolgen dementsprechend 3-5 Serien in Folge.

=> Atmung
Pressatmung ist bei jeder Form des Krafttrainings zu vermeiden.

=> Dehnen
Um Kontraktionsrückstände durch Krafttraining zu vermeiden, ist ein entsprechendes Dehn- und Stretchingprogramm im Anschluss an das Krafttraining durchzuführen.

=> Trainingsmittel
Für eine optimale Kraftsteigerung sind verschiedene Trainingsmittel und besondere Trainingsbedingungen notwendig. Die unterschiedlichen Trainingsmittel (eigener Körper, Kleingeräte wie Medizinball oder Sandsack, Gummizüge, Trainingsmaschinen) werden entsprechend den Zielstellungen eingesetzt.

Nicht jedes Trainingsmittel ist gleich effektiv für jedes Ziel anwendbar.

• Das Training an Krafttrainingsmaschinen soll dann bevorzugt werden, wenn bestimmte Adaptationen, wie z.B. eine Muskelhypertrophie genau angesteuert werden soll. Kraftmaschinen erlauben eine sehr individuelle Abstimmung der Trainingsbelastung. Die Bewegungen sind meist eingelenkig und haben somit einen geringen koordinativen Anteil.

• Das Training mit dem eigenen Körper oder mit Kleingeräten ermöglicht spezielle Kraftübungen, die die Wettkampfübungen annähernd imitieren können. Sie können mit einem Koordinationstraining verbunden werden. Jedoch lässt sich, gerade beim Gruppentraining, keine exakte Intensitätssteuerung vornehmen.

In der Aerobic empfiehlt sich eine Kombination und Variation der Trainingsmittel. Damit wird auch einer gewissen Monotonie im Krafttraining vorgebeugt.

3.2.3 Gefahren beim Krafttraining

Generell darf die Gefahr eines forcierten, zu einseitigen, zu frühen, zu plötzlichen oder mit einer falschen Technik durchgeführten Krafttrainings nicht unterschätzt werden. Vor allem Wirbelsäulenschäden können die Folge sein. Es wäre jedoch ein völliges Missverständnis, aus diesen Gründen auf ein Krafttraining zu verzichten. Das Ausführen der dynamischen und statischen Kraftelemente und der Sprünge in der Aerobic erfordert ein hohes Kraftniveau der Extremitäten- und Rumpfmuskulatur, um Schäden am Bewegungsapparat zu verhindern. Wegen der Komplexität der Bewegungen in der Aerobic und der Notwendigkeit, zu jedem Zeitpunkt der Kür Intensität, Haltung und Energie zeigen zu müssen, benötigt der Sportler eine harmonische und gute Entwicklung aller Muskelgruppen. Im Folgenden werden diejenigen Muskelgruppen aufgezählt, die jedoch schwerpunktmäßig gekräftigt werden müssen:

- **Vordere Rumpfmuskulatur**
– Stabilisierung der Wirbelsäule und des Rumpfes bei allen Bewegungen. Wichtige Voraussetzung für fast alle Sprünge und statischen Kraftelemente.
   => Gerade, schräge, innere und quere Bauchmuskulatur.

- **Hintere Rumpfmuskulatur**
– Stabilisierung der Wirbelsäule und des Rumpfes bei allen Bewegungen, Vermeidung muskulärer Dysbalancen durch Ausgleich der stark beanspruchten Schultermuskulatur (speziell der Brustmuskulatur) durch die vielen Stütz- und Landeformen.
   => Äußere und innere Rückenmuskulatur.

- **Beinmuskulatur**
– Vor allem für die Sprünge und die meisten Kraftelemente.
   => Alle Gesäßmuskeln.
   => Vorderer Oberschenkelmuskel, vor allem der äußere und innere Anteil, der zur Abschwächung neigt.
   => Wadenmuskeln.

- **Arm- und Schultermuskulatur**
– Für die vielfältigen Stützaufgaben zur Stabilisierung und Schutz der Gelenke.
   => Deltamuskel.
   => Schulterblattmuskeln.
   => Rotatorenmanschette.

=> Brustmuskulatur.
=> Oberarmmuskeln (Bizeps und Trizeps).
=> Unterarmmuskulatur.

3.3 Schnelligkeit und Schnelligkeitstraining

Schnelligkeit nennt man die konditionelle Fähigkeit, motorische Aktionen in einem unter den gegebenen Bedingungen minimalen Zeitabschnitt zu vollziehen aufgrund der Beweglichkeit der Prozesse des Nerv-Muskelsystems und des Kraftentwicklungsvermögens der Muskulatur. Vereinfacht dargestellt kann man Schnelligkeit als die Fähigkeit ansehen, die es ermöglicht, auf einen Reiz hin schnell zu reagieren und Bewegungen bei unterschiedlichen Widerständen mit höchster Geschwindigkeit auszuführen. Jedoch ist die Schnelligkeit nur der Oberbegriff für viele Erscheinungsformen im Sport. Die Schnelligkeit des Aerobic-Sportlers ist komplexer strukturiert als z.B. die Schnelligkeitsfähigkeit eines 100 m-Sprinters. Diese unterschiedlichen Erscheinungsweisen der Schnelligkeit sind mehr oder minder eigenständig und unterliegen zum Teil anderen Gesetzmäßigkeiten. Man unterscheidet zwischen (vgl. Abb. 12)

*   der Reaktionsschnelligkeit (Fähigkeit, auf einen Reiz hin möglichst schnell zu antworten),
*   der Schnelligkeit bei zyklischen Bewegungen (Schnelligkeit bei einer Folge von motorischen Aktionen, z.B. Laufen) und
*   der Schnelligkeit bei azyklischen Bewegungen (Schnelligkeit bei einer motorischen Einzelaktion).

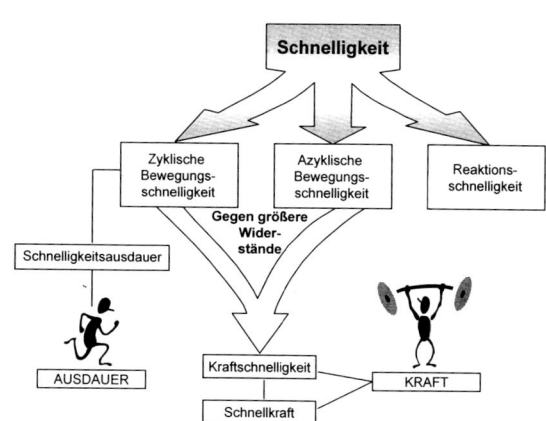

Abb. 12:
Die motorisch-konditio-
nelle Fähigkeit Schnelligkeit
und ihre Unterteilungen

Der Aerobic-Sportler benötigt vor allem die azyklische Bewegungsschnelligkeit. Sie ist gekennzeichnet durch eine explosive maximale Kontraktionsgeschwindigkeit der beteiligten Muskulatur. Das setzt vor allem eine ausgezeichnete intramuskuläre Koordination voraus, die vorwiegend von der Koordinations-, Innervations- und Zuckungsfähigkeit der eingesetzten Muskeln abhängt, also von der Leistungsfähigkeit des neuromuskulären Systems. Die azyklische Schnelligkeit zeichnet sich durch einen fließenden Übergang in die Kraftschnelligkeit bzw. in die Schnellkraft und umgekehrt aus. Es findet eine gegenseitige Beeinflussung der einzelnen Fähigkeiten statt, sodass eine definitive Abgrenzung zwischen Schnelligkeit und Kraft kaum möglich ist.

3.3.1 Bedeutung der Schnelligkeit in der Aerobic

Die Bedeutung der Schnelligkeit für die sportliche Leistung in der Aerobic ist deutlich sichtbar. So ist die Intensität der Aerobic-Bewegungen ein leistungslimitierender Faktor. Dabei geben die Bewegungsfrequenz, also die Anzahl der Bewegungen innerhalb einer Zeiteinheit, die Bewegungsgeschwindigkeit und die Bewegungsweite den Ausschlag für eine hohe Intensität. Des Weiteren wird das Fehlen von Geschwindigkeit bei den Bewegungsausführungen im Wettkampf mit Abzügen bestraft. Die Arm- und Beinarbeit in der Aerobic muss schnell, abwechslungsreich und präzise sein. Die dynamischen Kraftelemente und die Sprünge sollen von einem hohen Beschleunigungsvermögen und einer hohen Explosivität gekennzeichnet sein. Dies setzt eine ausgezeichnete azyklische Aktionsschnelligkeit voraus, die durch folgende Leistungsfaktoren festgelegt wird:

- Schnellkräftige Arm- und Beinstreckmuskulatur, die auf der Maximalkraft aufbaut.
- Schnellkoordinierte Schritt- und Armfolgen.
- Eine gute allgemeine Koordinationsfähigkeit.
- Und automatisierte Bewegungsmuster.

Der enge Zusammenhang zur Schnellkraft- und zur Koordinationsfähigkeit ist unverkennbar.

3.3.2 Methoden und Inhalte des Schnelligkeitstrainings

Die Schnelligkeit ist nach allgemeiner Auffassung anlagebedingter und in geringerem Umfang trainierbar als die konditionellen Fähigkeiten Kraft und Ausdauer. Dies hängt mit der Tatsache zusammen, dass die Muskelfaserverteilung (rote, langsam zuckende oder weiße, schnell zuckende Muskelfasern) genetisch festgelegt ist und durch Training nur sehr bedingt, nämlich in Bezug auf die Querschnittszunahme und die Koordinationsfähigkeit veränderbar ist. Der Anteil der weißen Fasern kann durch Training nicht erhöht werden. Die unterschiedliche Leistungsfähigkeit im Schnelligkeitsbereich ist aber auch vom Koordinations- und Kraftvermögen des Sportlers abhängig. Ein gutes neuromuskuläres Zusammenspiel ist Grundlage einer hohen Bewegungsfrequenz. Eine Verbesserung der Kraft geht stets auch mit einer Erhöhung der Bewegungsschnelligkeit einher (vgl. BÜHRLE/SCHMIDTBLEICHER 1977, 3-10).

Die genetisch begrenzten Vorgaben können jedoch vor Abschluss der vollständigen Entwicklung des ZNS (Zentralnervensystem) durch ein möglichst frühzeitiges und zielgerichtetes Üben, wenn auch nur in einem relativ engen Rahmen, erweitert werden. Die Ausprägung der biologischen Grundlagen der Schnelligkeit erfolgt nämlich sehr frühzeitig (sensible Phase für Schnelligkeit liegt zwischen dem 7. -15. Lebensjahr, vgl. Tab. 9). Man kann aber auch noch später durch ein entsprechendes Training die Kontraktionseigenschaften der Muskeln beeinflussen. Dies haben Untersuchungen an Sportlern mit ungleicher Belastung der Beine (z.B. Weitspringer) gezeigt. Eine wichtige Grundlage des Schnelligkeitstraining ist auch die Elastizität, die Dehnbarkeit und die Entspannungsfähigkeit der Muskulatur. Wenn diese unzureichend ist, kommt es zu einer Verringerung der Bewegungsweite sowie zu einer Verschlechterung des neuromuskulären Zusammenspiels, da die arbeitende Muskulatur (Agonisten) gegen den höheren Widerstand der muskulären Gegenspieler (Antagonisten) ankommen muss. Diese innere Reibung und der damit zusammenhängende erhöhte Muskeltonus verlangsamt natürlich die Bewegungsschnelligkeit.

Tab. 9: Schnelligkeitsmerkmale im Alter zwischen 8-15 Jahren

	8-11 Jahre	**12-15 Jahre**
Sensible Phase für	Bewegungsfrequenz Reaktionsschnelligkeit	Schnellkraft Kraftschnelligkeit
Entwicklungsbedingte (nicht trainingsbedingte) Veränderungen	Gute Beweglichkeit nervaler Prozesse Verkürzung der Latenzzeit Günstige Hebelverhältnisse	Verbesserung der Sprung-, Reaktiv- und Explosivkraft
Konsequenzen für das Training	Übungen, die die sich entwickelnde Möglichkeit zur Steigerung der Bewegungsfrequenz unterstützen Reaktionsspiele Koordinationstraining	Neben einem Koordinationstraining erlangt nun ein altersentsprechendes Krafttraining Bedeutung

3.3.3 Training der Bewegungsschnelligkeit

Wie oben bereits erwähnt, haben die Kraft- und Koordinationsfähigkeiten einen großen Einfluss auf die Bewegungsschnelligkeit. Es gilt jedoch der einfache Grundsatz: Schnelligkeit kann nur durch Schnelligkeit trainiert werden. Dabei handelt es sich beim Training der Bewegungsschnelligkeit überwiegend um eine besondere Form des Koordinationstrainings, bei der die Bewegungstechniken maximal schnell und hochexplosiv ausgeführt werden müssen. Dies setzt die Beherrschung der Technik bei submaximalen oder mittleren Bewegungsgeschwindigkeiten voraus. Damit soll das Zusammenspiel der Agonisten und der Antagonisten optimiert und die feinkoordinativen Vorgänge verbessert werden. Die Hauptform des Schnelligkeitstrainings ist die *Wiederholungsmethode*. Für die Belastungsnormativen gelten dabei folgende Vorgaben: Die Reizhöhe (Intensität) ist beim Schnelligkeitstraining maximal (> 95%).

Alle Bewegungen werden so schnell als möglich ausgeführt. Ziel sollte sein, bei jeder Wiederholung die aktuelle Bewegungsgeschwindigkeit zu übertreffen. Somit ist klar, dass sich die anderen Belastungsnormative auf diese hohe Intensität einstellen müssen, zumal die Wiederholungen in möglichst erholtem Zustand erfolgen müssen, um jedes Mal eine technisch einwandfreie Ausführung der Übungen mit höchstmöglicher Geschwindigkeit garantieren zu können. Sonst ist das Einschleifen von Technikfehlern und die Provokation von Verletzungen vorprogrammiert. Daher darf die Reizdauer nur so lange sein, wie sie sich nicht geschwindigkeitsmindernd durch eine beginnende Ermüdung auswirkt. Das Gleiche gilt für die Anzahl der Wiederholungen pro Serie und die Zahl der Serien. Der Reizumfang ist also beim Schnelligkeitstraining relativ niedrig. Und nicht zuletzt ist der Trainingserfolg von der Reizdichte, also der Pausengestaltung, abhängig. Die Pausen müssen so lange sein, dass eine fast vollständige Erholung wiederhergestellt ist. Sie dürfen aber nicht zu lange andauern, weil sonst die erhöhte Erregbarkeit des Nervensystems wieder verloren geht. Durch eine aktive Pausengestaltung lässt sich die Erregung auf hohem Niveau halten. Im Folgenden werden die Prinzipien zur Durchführung eines Schnelligkeitstrainings in der Aerobic zusammengefasst.

3.3.4 Hinweise zur Durchführung des Schnelligkeitstrainings

- Schnelligkeitstraining ohne vorhergehendes Aufwärmen provoziert nicht nur Verletzungen, sondern verhindert auch die notwendige spezielle Vorbereitung (z.B. Erhöhung der nervalen Erregbarkeit) auf die Schnelligkeitsarbeit.

- Schnelligkeitstraining in ermüdetem Zustand ist wirkungslos, es verbessert im besten Fall die Schnelligkeitsausdauer. Daher kein Schnelligkeitstraining am Ende einer Trainingseinheit durchführen.
- Die Intensität muss im maximalen bis mindestens submaximalen Bereich liegen, sonst wird wiederum nur die Schnelligkeitsausdauer statt der Schnelligkeit trainiert.
- Die Reizdauer muss so kurz und die Reizdichte so gering sein, damit die Geschwindigkeit infolge der eintretenden Ermüdung nicht absinkt.
- Das Schnelligkeitstraining muss beim Absinken der Geschwindigkeit und beim Einschleichen von Technikfehlern abgebrochen werden.
- Die Tempoübungen müssen so gut beherrscht werden, dass die Konzentration auf die Schnelligkeit der Bewegungsausführung und nicht auf den technischen Ablauf gerichtet werden kann.

Kriterien zur Auswahl der Trainingsinhalte

Trainingsinhalte eines Schnelligkeitstrainings in der Aerobic sind Spezial- und Wettkampfübungen. Vor allem Bewegungstechniken unter erleichterten Bedingungen sind geeignet (z.B. Einsatz von Spiegeln zur sofortigen optischen Selbstkontrolle, Absprunghilfen, gefederten Böden, Rhythmusvorgaben, etc.) Eine vermehrte Wettkampfaktivität fördert ebenfalls die Schnelligkeitsleistung, so lange sie gezielt eingesetzt wird und nicht den übrigen Trainingsablauf behindert.

3.4 Ausdauer und Ausdauertraining

Der Begriff „Ausdauer" wird heute in der einschlägigen Literatur sehr weit gefasst. Von der Ultralangzeitausdauer eines 100 km-Läufers bis zur Ausdauer eines Aerobic-Sportlers während seiner 2 min-Kür findet sich eine große Bandbreite dessen, was unter Ausdauer verstanden wird. Alle Definitionen beinhalten den Begriff der „Ermüdungswiderstandsfähigkeit". Daraus wird ersichtlich, dass die konditionelle Fähigkeit „Ausdauer" für viele Sportarten eine entscheidende Voraussetzung für das Vollbringen einer sportlichen Leistung ist. Im Aerobic-Training wie auch im Wettkampf ist es notwendig:

- Die hohe Belastungsintensität möglichst lange durchzuhalten bzw. den Intensitätsabfall so gering als möglich zu halten und
- sich bei bestimmten langsameren Bewegungen (Akrobatikform, Beweglichkeitselement) in der Kür in Sekundenbruchteilen bzw. sich im Training zwischen den Belastungsphasen schnell zu erholen.

Beide Forderungen können nur bei einer guten Ausprägung der Ausdauerfähigkeit erfüllt werden. Neben der physischen Ermüdung tritt bei sportlichen Leistungen mit der Belastungsdauer auch eine mentale, psychische Ermüdung auf. Die Konzentration, die Wahrnehmungsfähigkeit und die Motivation, die zum Erbringen höchster Leistungen notwendig sind, lassen stetig nach.

Demzufolge ist Ausdauer die körperliche (physische) und geistig-seelische (psychische) Widerstandsfähigkeit gegen Ermüdung bei relativ lang anhaltenden Belastungen und/oder die rasche Wiederherstellungsfähigkeit nach der Belastung.

Eine weitere Präzisierung der Begriffsbestimmung erfordert die Berücksichtigung der verschiedenen Erscheinungsformen der Ausdauer. Nach HOLLMANN ergibt sich in Abhängigkeit (vgl. Abb. 13)
* vom Umfang der beanspruchten Muskulatur:
  Lokale Ausdauer (weniger als 1/6-1/7 der Muskulatur) und
  Allgemeine Ausdauer (mehr als 1/6-1/7 der Muskulatur).
* von der Art der vorrangigen Energiebereitstellung:
  Aerobe Ausdauer (Energiegewinnung erfolgt unter Sauerstoffzufuhr) und
  Anaerobe Ausdauer (Energiegewinnung erfolgt ohne Sauerstoffzufuhr).
* von der Arbeitsform der Muskulatur:
  Dynamische Ausdauer (Wechsel von Spannung und Entspannung) und
  Statische Ausdauer (Dauerspannung).
folgende Einteilung der Ausdauer:

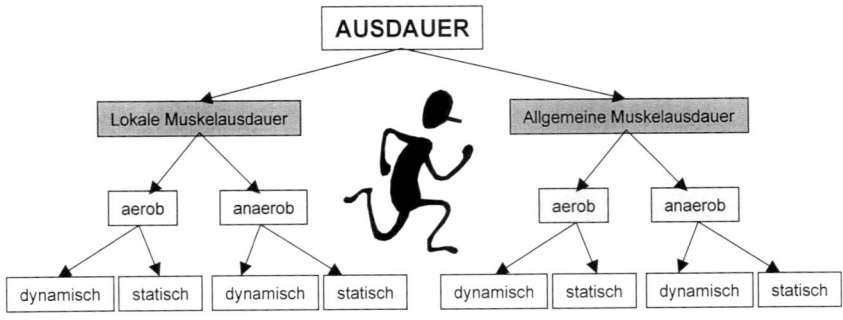

Abb. 13: Schema der verschiedenen Formen von Ausdauerleistungsfähigkeit (nach HOLLMANN/HETTINGER 1980, 304)

Im Bezug zur Trainingsmethodik und Sportpraxis nennt ZINTL (1988) noch zwei weitere Einteilungskriterien (es werden nur die für die Aerobic relevanten Unterteilungen aufgezählt):

- Nach der Zeitdauer einer Wettkampfbeanspruchung in Verbindung mit der damit höchstmöglichen Belastungsintensität
  Kurzzeitausdauer (KZA) (35 s-2 min)
  Mittelzeitausdauer (MZA) (2-10 min)
  Langzeitausdauer I (LZA I) (10-35 min).
- Nach der Bedeutung der Ausdauer für die Leistungsfähigkeit in einer Sportart:
  Grundlagenausdauer (aerobe Basiskapazität, die auf unterschiedliche Bewegungsformen übertragbar ist).
  Spezielle Ausdauer (aerob-anaerobe Kapazität in Anpassung an die sportartspezifische Belastung).

Durch die Wechselbeziehung der Ausdauer mit den beiden anderen konditionellen Fähigkeiten Kraft und Schnelligkeit wird ein Überblick über den Ausdauerbegriff noch komplizierter. Da jedoch die Kraft-, Schnellkraft und Schnelligkeitsausdauer in der Praxis zumeist mehr von der Kraft-, Schnellkraft- bzw. Schnelligkeitskomponente her bestimmt wird, werden diese in den entsprechenden Kapiteln näher besprochen und bezüglich der Trainingsinhalte dort zugeordnet.

3.4.1 Bedeutung der Ausdauer in der Aerobic

Betrachtet man oberflächlich die sportlichen Anforderungen einer Aerobic-Kür, würde man spontan zu dem Eindruck gelangen, dass die Aerobic eher eine Schnellkraft- und Schnelligkeitssportart ist, als eine Ausdauersportart, denn eine Kür dauert weniger als zwei Minuten. Analysiert man jedoch die (energetischen) Anforderungen näher, wird schnell klar, dass die Ausdauerleistungsfähigkeit einen großen Anteil an der sportlichen Leistung in der Aerobic hat. Dies hat folgende Gründe:

Nach der HOLLMANNSCHEN Systematik benötigt man in der Aerobic eine hohe allgemeine dynamische anaerobe Ausdauer des Kurzzeitausdauer- und Mittelzeitausdauerbereichs (35 s–2 min). Leistungsbestimmend ist dabei die Fähigkeit des Sportlers, große Energiemengen pro Zeiteinheit freizusetzen. Auslöser für die anaerobe Energiebereitstellung ist die Kraft- und/oder Schnelligkeitskomponente der Elemente der Aerobic-Kür von der ersten Sekunde an. Denn die Energieproduktion, die vorrangig durch den Abbau der Energiespeicher ohne Sauerstoffbeteiligung erfolgt (= anaerob), kann wesentlich schneller Energie liefern als die aerobe Energiegewinnung. Bei der aeroben Energiegewinnung reicht die aufgenommene Sauerstoffmenge aus, um die für die Leistung benötigte Energiemenge durch Abbau der Kohlehydrat- und Fettspeicher sicherzustellen. Diese Form der Energiegewinnung läuft jedoch erst nach ca. zehn Sekunden an und erreicht ihre maximale Energieflussrate nach zehn Minuten.

Die anaerobe Energiegewinnung unterteilt sich in eine Phase der alaktaziden Energiebereitstellung (ohne Milchsäurebildung) und in eine Phase der laktaziden Energiefreisetzung (sog. Glykolyse; Energiegewinn mit Milchsäurebildung).

Dabei hat die erste Phase die höchste Energieflussrate, denn die Energiefreisetzung aus den Phosphaten erreicht ohne Verzögerung ihre höchsten Durchsatzraten. Aufgrund des beschränkten Phosphatgehalts in der Muskelzelle kann diese allerdings nur befristet aufrechterhalten werden (ca. 10-20 s). Die Glykolyse erreicht mit einer Verzögerung von wenigen Sekunden (ca. 3-4 s) ihre höchste Durchsatzrate und dominiert die Energiebereitstellung ab ca. 25 s bis 2 min. In dieser Zeit beginnt aber der aerobe Glykogenabbau (Glykogen ist die Depotform der Glucose = Zucker) bereits an Bedeutung zu gewinnen.

Zwischen 2 und 10 min steht dann die aerobe Glykogenverwertung schon an erster Stelle, wobei der anaerob-laktazide Weg noch einen bedeutenden Anteil hat.

Aus der Abb. 14 sind die Möglichkeiten der Energiebereitstellung bei maximaler Beanspruchung in Abhängigkeit von der Zeit (nach BADTKE et al. 1987, 71) nochmals im Überblick zu sehen.

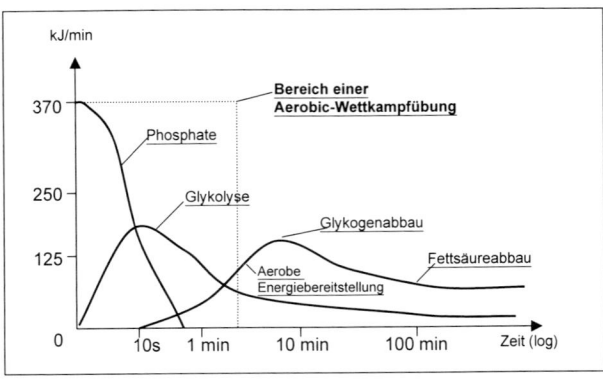

Abb. 14: Möglichkeiten der Energiebereitstellung bei maximaler Beanspruchung in Abhängigkeit von der Zeit

Zwischen Trainierten und Untrainierten liegen allerdings Unterschiede vor. Der Untrainierte hat weniger Phosphate und Glykogen und einen geringeren Enzymbesatz (aerobe wie anaerobe Enzyme). Daher stellen sich beim Untrainierten die oben beschriebenen Stoffwechselvorgänge bei niedrigeren Belastungsintensitäten ein oder anders gesagt, die maximale Belastungsintensität kann nicht so lange aufrechterhalten werden. Es kommt früher zu einem Intensitätsabfall. Damit bei einer Wettkampfübung die Intensität bis zur letzten Sekunde aufrechterhalten werden kann, spielt die aerobe als auch die anaerobe Kapazität eine beachtliche Rolle in der Aerobic.

Aus der Vielzahl der definierten Ausdauerteileigenschaften sind in der Aerobic einige von besonderer Bedeutung für die Erlangung der sportlichen Leistungsfähigkeit. In der folgenden Abbildung 15 sind die Teileigenschaften der Ausdauer, ihre Zusammenhänge und ihre Bedeutung für die Leistungsfähigkeit des Aerobic-Sportlers im Überblick zu sehen.

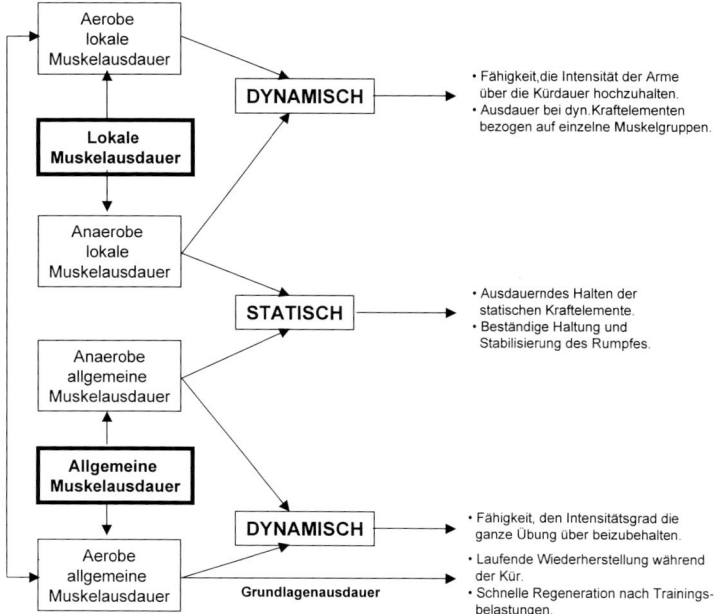

Abb. 15: Die Teileigenschaften der Ausdauer und ihre Bedeutung für die sportliche Leistungsfähigkeit in der Aerobic

In der Vorbereitungsphase muss sich der Aerobic-Sportler eine gute Basiskapazität der Ausdauer anlegen: die sog. *Grundlagenausdauer*. Sie ist die Basis für die Gesamtkondition. Sie hat elementare Bedeutung für alle anderen konditionellen Fähigkeiten. Sie entwickelt eine erhöhte aerobe Kapazität und verbessert die psychische Belastungsverträglichkeit. Durch die erhöhte aerobe Kapazität können schon während der Kür Regenerationsprozesse anlaufen und in den Trainingspausen erfolgt eine schnellere Erholung. Die Grundlagenausdauer ist von den Übungsformen, mit denen sie trainiert wird, unabhängig.

Für den Bereich der speziellen Ausdauer lässt sich festhalten, dass der Aerobic-Sportler für eine optimale Kürleistung folgende spezifischen Ausdauerfähigkeiten benötigt:
- Dynamische Ausdauer – für die dynamische Muskelarbeitsweise bei den dynamischen Kraftelementen, Sprüngen und Schrittfolgen.
- Statische Ausdauer – für die statischen Kraftelemente.
- Allgemeine Ausdauer – weil meistens mehr als 1/7 der Muskelmasse bewegt wird.
- Lokale Ultrakurzzeitausdauer – weil bei den statischen Elementen nur bestimmte Muskelgruppen für ca. 2-4 s maximal angespannt sein müssen.
- Kurzzeitausdauer auf hohem Kraft- und Schnelligkeitsniveau für die Dauer von 35 s–2 min.

3.4.2 Ausdauertraining

Das Ausdauertraining belastet, je nachdem, welche Ausdauereigenschaft trainiert wird, den Sportler auf sehr unterschiedliche Weise. Mit der Wahl der Ziele und Methoden des Ausdauertrainings steuert der Trainer einen großen Anteil der Gesamtbelastung des Sportlers und kann damit seine Form beeinflussen. Um eine effektive Leistungssteigerug der verschiedenen Ausdauerfähigkeiten zu erreichen, müssen solche Trainingsmethoden und -inhalte eingesetzt werden, die den jeweiligen metabolischen[2] Anforderungen der Wettkampfkür nahe kommen bzw. diejenigen Adaptationsvorgänge in Gang setzen, die für Training und Wettkampf benötigt werden.

Folgende Trainingsmethoden werden unterschieden:

---

[2] Metabolismus = Stoffwechsel.

- *Dauermethode:* Trainingsmethode vorrangig zur Verbesserung der Grundlagenausdauer bzw. der aeroben Kapazität durch Trainingsbelastungen von mehr als 10 min Dauer ohne Pausen.

- *Intervallmethode:* Trainingsmethode mit planmäßigem Wechsel zwischen Belastungs- und Entlastungsphasen, die das Prinzip der lohnenden Pause[3] berücksichtigt. Man unterscheidet ein extensives bzw. intensives Intervalltraining:
  Extensives Intervalltraining: Hoher Umfang, geringe Intensität zur Verbesserung der aeroben Kapazität über die Peripherie, Ökonomisierung der Stoffwechselvorgänge.
  Intensives Intervalltraining: Relativ geringer Umfang, hohe Intensität zur Verbesserung der anaeroben laktaziden Kapazität über verstärkte Laktatproduktion und -toleranz.

- *Wiederholungsmethode:* Trainingsmethode mit wiederholten, sehr intensiven Belastungen mit vollständigen Pausen zur Verbesserung aller physiologischen Prozesse und Regelmechanismen, speziell der Laktatkompensation und -toleranz.

- *Wettkampfmethode:* Trainingsmethode mit einer einmaligen Belastung, die wettkampfgemäße bzw. wettkampfähnliche Funktionszustände des Organismus erfordert zur Erweiterung der komplexen Leistungsfähigkeit auf höchstem Funktionsniveau.

Die folgende Tabelle 10 gibt einen Überblick über die Einteilung der Ausdauertrainingsmethoden und deren Einsatz in der Aerobic.

---

[3] Lohnende Pause = Pause mit unvollständiger Erholung, Erholungskriterium ist die Herzfrequenz (120-130 HF/min).

Tab. 10: Einteilung der Trainingsmethoden und ihr Einsatz in der Aerobic

Trainings-methoden	Weitere Unterteilung	Trainingsinhalte	Trainingsziele
Dauermethode	• kontinuier-lich	Dauerbelastung mit Laufen, Radeln, Steppen Step-Aerobic Aerobic-Basic-Stunden Cardiotraining	Verbesserung der aeroben Kapazität, Ökonomisierung, Verbesserung der Re-generationsfähigkeit
	• mit Intensitäts-wechsel	Tempowechselläufe Fahrtspiel High-/Low Impact-Aerobic-Stunden	Verbesserung der ae-roben Kapazität, Verschieben der an-aeroben Schwelle, Anheben der Grund-lagenausdauer
Intervall-methode	• intensiv	200-300 m Sprints Hügel-, Sprung-, Staf-felläufe Teilübungen nur Schritte und Arme (20-30 s)	Erweiterung der an-aeroben-laktaziden Kapazität, Beanspru-chung der weißen Fasern, Umstellungs-fähigkeit der Energie-bereitstellung
	• extensiv	Intervalldauerlauf Intervalle mit 60-90 s Intervalle mit 2-3 min	Erweiterung der aero-ben Kapazität über die Peripherie, Laktat-toleranz und -kom-pensationsfähigkeit
Wiederho-lungs-methode	• Mittelzeit-intervalle	Teilübungen (45-60 s)	Laktattoleranz-training Erweiterung der Kurz-zeitausdauer

	• Kurzzeit-intervalle	Teilübungen (20-30 s)	Phosphatspeicher-vermehrung, Erweiterung der komplexen Kurzzeitausdauer-fähigkeiten
Wettkampf-methode	• wettkampf-spezifische Einzelbe-lastung	Übungsdurchläufe auch auf Überdistanz (= Doppelübungen)	Vertiefte Ausschöpfung und Erweiterung der Funktions-potenziale

Unter Punkt 3.7 werden weitere Trainingsformen zur Verbesserung der aeroben und anaeroben Ausdauer aufgeführt.

3.4.3 Hinweise zur Durchführung des Ausdauertrainings

- Die Ausdauerleistungsfähigkeit beruht auf der allgemeinen und speziellen Ausdauer. Die Grundlagenausdauer bildet die Grundlage jeder speziellen Ausdauer, da sie in Bezug auf die Stoffwechsel- und Herz-Kreislauf-Parameter die Voraussetzung für intensivere Belastungen und eine schnelle Regeneration nach Belastung schafft.
- Im Anfängertraining und Kindertraining sollte die Ausdauer nur mit geringer Intensität und höherem Umfang trainiert werden, da die Fähigkeit zur Laktatbildung noch fehlt.
- Kein Training ohne Planung und Kontrolle: Der Pulswert gibt nur einen vagen Anhaltspunkt, weil er zu stark individuell vom Trainingszustand variiert. Durch leistungsdiagnostische Untersuchungen und Feldtests lassen sich Trainingspulswerte und (Lauf-) Geschwindigkeiten bestimmen. Die dabei bestimmten Trainingsbereiche dienen dem Trainer zur individuellen Steuerung des Ausdauertrainings.
- Kohlenhydratreiche Ernährung bildet die Grundlage zur Erhöhung der Glykogenspeicher und damit der aeroben Kapazität.

3.5 Beweglichkeit und Beweglichkeitstraining

Die Beweglichkeit[4] ist ein weiterer wichtiger leistungsbestimmender Faktor für die sportliche Leistung eines Aerobic-Sportlers, denn viele technische Fertigkeiten wie z.B. Sprünge, Kicks und Beweglichkeitselemente sind ohne ein Grundmaß an Flexibilität nicht korrekt ausführbar.

Es wird eine Schwingungsweite von mindestens 170° erwünscht. Darüber hinaus hat die Beweglichkeit Einfluss auf die motorischen Eigenschaften Kraft und Schnelligkeit und ist unverzichtbarer Bestandteil qualitativ gut koordinierter komplexer Bewegungen.

Die Beweglichkeit ist die Fähigkeit des Sportlers, Bewegungen mit großer Schwingungsweite selbst oder unter dem unterstützenden Einfluss äußerer Kräfte in einem oder mehreren Gelenken ausführen zu können.

Man unterscheidet zwischen *allgemeiner und spezieller, aktiver und passiver Beweglichkeit*.

Von *allgemeiner Beweglichkeit* wird gesprochen, wenn sich die Beweglichkeit in den wichtigsten Gelenksystemen (Schulter- und Hüftgelenk, Wirbelsäule) auf einem gut entwickelten Niveau befindet – dabei sind die Ansprüche an die Ausprägung z.B. in den turnerischen Disziplinen aufgrund der Charakteristik der Sportarten weit höher als in den Spielsportarten.

Von *spezieller Beweglichkeit* wird gesprochen, wenn sich die Beweglichkeit auf ein bestimmtes Gelenk bezieht. Wichtig für die Aerobic ist insbesondere die Beweglichkeit der Hüftgelenke, da alle Bewegungen bezüglich der Intensität und Eleganz durch die Schwingungsweite in diesen Gelenken mitbestimmt werden.

Als *aktive Beweglichkeit* bezeichnet man die größtmögliche Bewegungsweite in einem Gelenk, die der Sportler aufgrund seines eigenen Krafteinsatzes durch die das Gelenk bewegenden Muskeln (Agonisten) – und der dazu parallel verlaufenden Dehnung der Antagonisten – zustande bringt.

Die *passive Beweglichkeit* bezeichnet die größtmögliche Bewegungsweite in einem Gelenk, die der Sportler durch Einwirkung äußerer Kräfte (Partner, Zusatzgeräte) unter Dehnung der muskulären Gegenspieler im Gelenk (Antagonisten) erreichen kann. Die passive Beweglichkeit ist immer größer als die aktive Beweglichkeit. Deshalb muss im Training zur Verbesserung der aktiven Beweglichkeit nicht nur gedehnt, sondern es müssen vor allem auch die gelenkbewegenden Muskeln (Agonisten) ausreichend gekräftigt werden.

---

[4] Synonyma für Beweglichkeit sind die Begriffe Flexibilität, Biegsamkeit oder auch Gelenkigkeit.

Foto 3: Trio in einer Pose, die vor allem auch durch die Beweglichkeit besticht.

3.5.1 Bedeutung der Beweglichkeit in der Aerobic

Die Beweglichkeit ist eine elementare Voraussetzung für eine qualitativ und quantitativ gute Bewegungsausführung. Ihre optimale Ausbildung ist unentbehrlich für die Entwicklung der aerobicspezifischen Techniken und der physischen Leistungsfaktoren, die wiederum die Intensität und Spritzigkeit einer Kürübung entscheidend mitbestimmen. In diesem Zusammenhang steht auch die Präsentationsleistung des Wettkämpfers. Das Beweglichkeitstraining ist somit ein nicht austauschbarer Bestandteil des Trainingsprozesses in der Aerobic. Darüber hinaus vermindert eine gute Beweglichkeit die Verletzungsgefahr, denn elastische und dehnfähige Muskeln sind mechanisch belastungsfähiger.

3.5.2 Methoden und Inhalte des Beweglichkeitstrainings

Die Beweglichkeit des Menschen nimmt bereits etwa ab dem 12. Lebensjahr altersbedingt ab. Das optimale Alter für das Beweglichkeitstraining liegt also vor dem Beginn der Pubertät. Deshalb muss die Hauptarbeit der Beweglichkeitsschulung in dieser Periode geleistet werden. Bei einem richtig dosierten, langfristigen Trainingsprozess braucht sie anschließend nur noch auf dem erreichten Niveau gehalten werden. Jedoch muss sie möglichst täglich trainiert werden, zur Weiterentwicklung empfiehlt sich sogar ein zweimaliges tägliches Training. Um eine Wirkung erzielen zu können, müssen die Dehnungsübungen mehrmals wiederholt werden, eine einzige bzw. einzelne maximale Dehnungen sind für einen Trainingseffekt ungenügend. Dabei können die Dehnungsübungen auf unterschiedliche Weise durchgeführt werden. Wichtig ist, dass die gegebenen anatomischen und physiologischen Voraussetzungen beachtet und genutzt werden. Je nach Durchführung wird in der Trainingspraxis zwischen drei Basismethoden unterschieden, deren Vor- und Nachteile in der Sportwissenschaft noch immer kontrovers diskutiert werden.

- *Die aktive Dehnungsmethode*
  Bei dieser Methode werden schwunghafte, wippende oder federnde Bewegungen bis hin zur Endstellung der Gelenke ausgeführt.

- *Die passive Dehnungsmethode*
  Dabei werden mit Hilfe von äußeren Kräften (Partner, Schwerkraft, Zusatzgeräte) die Antagonisten stärker wie bei der aktiven Methode gedehnt. Hier erfolgt jedoch keine gleichzeitige Kräftigung der Agonisten. Außerdem besteht eine gewisse Verletzungsgefahr, wenn der Partner mit zu wenig Gefühl dehnt.

- *Statische Dehnungsmethode*
  Bei dieser Dehnungsform wird die maximale Dehnungshaltung 10-60 s statisch gehalten. Es gibt verschiedene Techniken, wie dies durchgeführt werden kann. Im Folgenden kann nur eine Aufzählung der Techniken erfolgen. Vertiefende Erläuterungen müssen aus der weiterführenden Literatur entnommen werden.
  - Permanentes, „zähes" Dehnen (leichte Form = easy stretch; fortschreitende Form = development stretch).
  - Methode der Antagonistenhemmung.
  - Anspannen – Entspannen – Dehnen (sog. CHRS-Methode).
  - PNF-Techniken (aktiv und passiv).

Alle genannten Methoden sind geeignet, die Beweglichkeit zu verbessern. Bis heute ist aber wissenschaftlich weder geklärt, welche der Methoden die besten Effekte erzielt, noch ob spezielle Effekte wie eine Verbesserung der Regenerationsfähigkeit erzielt werden können, was aber angenommen wird. Für Anfänger ist die Methode des zähen Dehnens am leichtesten umsetzbar, da sie die geringsten Ansprüche an die Körpererfahrung stellt. Bei Kindern bietet sich vor allem das passive Dehnen an, sofern der Trainer die Dehnung vornimmt, da hierbei die Höchstgrenze der Bewegungsamplitude erfasst werden kann. In allen Trainingsstufen ist es jedoch sinnvoll, verschiedene Methoden miteinander zu kombinieren oder unter verschiedenen Methoden zu variieren, um einen größtmöglichen Erfolg zu erzielen, wobei die Vielfältigkeit der Übungen eine untergeordnete Rolle spielt.

Zur Vorbereitung auf einen Wettkampf empfiehlt es sich nicht, lang und zäh zu dehnen. Nach dem bisherigen Stand der sportwissenschaftlichen Kenntnisse nimmt hierbei die Erregbarkeit des Muskels ab, was für schnelle, explosive Bewegungen kontraindiziert ist. Durch kurzzeitige, aktiv-dynamische Dehnungsreize wird der Muskel bezüglich einer Erwärmung und Verletzungsprophylaxe ausreichend vorbereitet. Zusätzlich muss beachtet werden, dass die durch Dehnungsübungen erreichte momentane Beweglichkeitszunahme bei Zimmertemperatur nur etwa 10 min anhält. Längere Pausen sollten deshalb im Anschluss an das vorbereitende, spezielle Dehnen vermieden werden.

3.5.3 Hinweise zur Durchführung des Beweglichkeitstrainings

Das Beweglichkeitstraining kann nur dann in optimaler Weise durchgeführt werden, wenn die äußeren und inneren Einflussfaktoren bekannt sind und nicht unterschätzt werden. Man muss wissen, dass die Dehnfähigkeit der Muskulatur von verschiedenen Faktoren abhängt:

- Von den Dehnungswiderständen muskulärer Strukturen, wie z.B. den Muskelfaszien oder Muskelhüllen (nicht von der Muskulatur selbst).
- Vom Tonus: Spannungszustand der Muskulatur.
- Von der Entspannungsfähigkeit der Muskulatur.
- Vom psychischen Zustand: Bei Angst, Nervosität und innerer Unruhe ist die Dehnfähigkeit herabgesetzt.
- Von der Temperatur: Je wärmer die Außentemperatur, desto angenehmer ist das Dehnen, entscheidend ist aber der Erwärmungsgrad der Muskulatur.
- Von der Tageszeit: Günstig ist die Zeit zwischen 10-12 Uhr und ab 16 Uhr.
- Vom Alter: Muskeln, Sehnen, Bänder und Faszien zeigen mit zunehmendem Alter eine verringerte Elastizität und Dehnungsfähigkeit aufgrund organischer Zellveränderungen.

Das Beweglichkeitstraining sollte im Anschluss an eine gute Aufwärmarbeit statt-finden, nie jedoch nach anstrengenden Ausdauerübungen bzw. im Zustand muskulärer Ermüdung. Bei den Dehnübungen muss die maximale Grenze mehr-fach erreicht und allmählich erhöht werden. Da die Bewegungsamplitude bei der aktiven Beweglichkeit vielfach von der Kraft der Agonisten abhängt, müssen zusätzlich kraftschulende Übungen hinzugenommen werden.

3.6 Koordination und Koordinationstraining

Das technisch richtige Ausführen aerobicspezifischer Bewegungen ist nicht nur von den konditionellen Leistungsvoraussetzungen abhängig, sondern auch von den koordinativen Fähigkeiten. Sie sind eine wesentliche Voraussetzung für die zielgerichtete Steuerung und Regelung aller Bewegungshandlungen.

Unter Koordination versteht man das Zusammenwirken von Zentralnerven-system und Skelettmuskulatur innerhalb eines gezielten Bewegungsablaufes (HOLLMANN/HEITINGER 1980, 143).

Bei gut koordinierten Bewegungen führt dieses Zusammenspiel zu flüssigen, harmonischen Bewegungen und Bewegungsverbindungen. Man unterscheidet zwischen der intramuskulären und der intermuskulären Koordination. Die intra-muskuläre Koordination bezieht sich auf das Zusammenwirken von Nerv und Mus-kel in einem Muskel, die intermuskuläre Koordination auf das Zusammenwirken von verschiedenen (z.B. den agonistischen und antagonistischen) Muskeln.

Die koordinativen Fähigkeiten sind nicht angeboren, sie müssen erlernt, ge-festigt und weiterentwickelt werden. Hierbei wird im Rahmen der gesamten mo-torischen Entwicklung dem Grundschulalter (6.-10./11. Lebensjahr) eine beson-dere Bedeutung zugemessen: In dieser Zeit sind Kinder, was die Verbesserung der koordinativen Leistungen betrifft, besonders lernfähig (s.a. Kapitel 2.6). Oft bereiten entsprechende Lernvorgänge im späteren Lebensalter erhebliche Schwierigkeiten und sind in manchen Fällen nicht mehr nachzuholen. Die im Grundschulalter erworbenen koordinativen Fähigkeiten sind von großer Bedeu-tung für Bewegungshandlungen im gesamten späteren Leben. Je umfangrei-cher, stabiler und abwechslungsreicher die Bewegungserfahrungen im „golde-nen (motorischen) Lernalter" sind, umso höher kann der Grad der Entwicklungs-fähigkeit im Erwachsenenalter sein.

Es ist schwierig, die zahlreichen koordinativen Fähigkeiten zu systematisie-ren. Je nach Verfasser werden in der Literatur verschiedene Klassifizierungen vorgenommen. So wird nach allgemeinen und speziellen Fähigkeiten, nach komplexen und sportartspezifischen, nach Fähigkeiten oberer und niederer Ordnung, etc. unterschieden. Im Folgenden werden nur die gebräuchlichsten Formen erläutert.

Man unterscheidet zum einen die *allgemeinen* von den *speziellen koordinativen Fähigkeiten*. Die *allgemeinen koordinativen Fähigkeiten* sind das Ergebnis einer vielfältigen Bewegungsschulung in verschiedenen Sportarten. Die *speziellen koordinativen Fähigkeiten* werden hingegen im Rahmen der entsprechenden Wettkampfdisziplin, hier also in der Aerobic, ausgebildet. Diese sind umso stärker ausgebildet, je höher das Variationsvermögen in der Aerobic-Technik ist.

Um im Trainingsprozess die koordinativen Fähigkeiten differenziert schulen zu können, muss man die Komplexität dieser Fähigkeiten im Auge behalten, man muss jedoch auch die einzelnen Teilkomponenten und deren Bedeutung im Rahmen des gesamten Aerobic-Trainings kennen. Aus dieser Vielzahl lassen sich drei allgemeine Grundfähigkeiten ableiten:

- Die Fähigkeit zum Steuern von Bewegungen
- Die Fähigkeit zum Regulieren von Bewegungen
- Die Fähigkeit zum Lernen von Bewegungen.

Die drei Grundfähigkeiten stehen in enger Wechselbeziehung zueinander (Abb. 19). Dennoch stellt die motorische Lernfähigkeit die höchste aller koordinativen Fähigkeiten dar. Diesen drei Grundfähigkeiten werden acht (bei vielen Autoren auch auf sieben reduziert) fundamentale koordinative Fähigkeiten zugeordnet (Abb. 16).

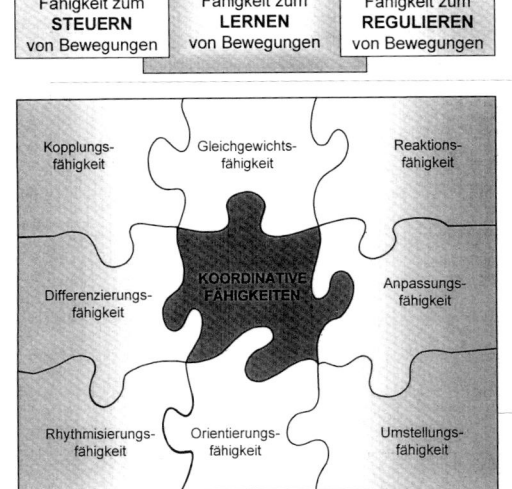

Abb. 16: Die Beziehung der koordinativen Fähigkeiten untereinander und zu den Fähigkeiten zum Lernen, Steuern und Regulieren von Bewegungen

Im Einzelnen werden die allgemeinen koordinativen Fähigkeiten wie folgt spezifiziert:

- *Differenzierungsfähigkeit* = Ausführung von Bewegungen mit hoher Präzision.
- *Kopplungsfähigkeit* = zweckgerichtete Kombination von mehreren Teilbewegungen.
- *Orientierungsfähigkeit* = Erkennen von Veränderungen und Festlegung der eigenen Körperpositionen im Raum.
- *Gleichgewichtsfähigkeit* = Fähigkeit, das Gleichgewicht in statischen Positionen und während Lageveränderungen des Körpers zu erhalten.
- *Rhythmisierungsfähigkeit* = Abstimmung des Bewegungsablaufs auf einen vorgegebenen Rhythmus.
- *Reaktionsfähigkeit* = schnelle Antwortreaktion auf einen bestimmten Reiz (Signal).
- *Anpassungs- und Umstellungsfähigkeit* = Fähigkeit, sich plötzlich auf verändernde Situationen anpassen und umstellen zu können, sodass neue, geänderte Bewegungshandlungen realisiert werden können.

Terminologisch muss Folgendes beachtet werden: Die *koordinativen Fähigkeiten* sind von den *Fertigkeiten* zu unterscheiden. Während sich die Fertigkeiten auf verfestigte, teilweise automatisierte konkrete Bewegungshandlungen beziehen, stellen die koordinativen Fähigkeiten allgemeine Leistungvoraussetzungen für eine Vielzahl von Bewegungshandlungen dar.

3.6.1 Bedeutung der Koordination in der Aerobic

Ein wesentliches Wertungskriterium in der Aerobic ist die Qualität der Ausführung der Bewegung. Entscheidend für eine gute sportliche Leistung ist die Fähigkeit, alle Bewegungsaktionen mit der bestmöglichen Technik, Intensität, Koordination und Synchronität ausführen zu können.

Es muss z.B. ein Maximum an Präzision *(Differenzierungsfähigkeit)*, ein sicheres statisches und dynamisches Gleichgewicht *(Gleichgewichtsfähigkeit)*, komplexe Aerobic-Schritte und -Bewegungskombinationen *(Kopplungsfähigkeit)*, Orientierungs- und Richtungswechsel *(Orientierungsfähigkeit)* während schwieriger Aerobic-Schritte gezeigt werden. Des Weiteren müssen alle Bewegungen auf den Rhythmus der Musik abgestimmt und zusätzlich bei Paaren, Trios und Teams wie eine Einheit ausgeführt werden *(Anpassungs- und Rhythmisierungsfähigkeit)*.

Nicht zuletzt sind beim Erlernen von Schwierigkeitselementen eine Vielzahl der oben genannten koordinativen Teilkomponenten maßgeblich am Gelingen der Bewegungshandlung beteiligt. Dies macht deutlich, dass die Koordinationsfähigkeit einer der leistungsbestimmenden Faktoren in der Aerobic ist.

Dabei ermöglicht eine gute allgemeine Koordinationsfähigkeit dem Sportler das Erlernen neuer komplexer Bewegungsaufgaben und Techniken aufgrund seines umfangreichen Bewegungsschatzes. Mit einer gut entwickelten speziellen Koordinationsfähigkeit kann der Sportler ausgehend von beherrschten Technikgrundformen in komplexen, schwierigeren Technikvariationen ausgebildet werden. Selbstverständlich ist es hierfür unverzichtbar, dass sich die konditionellen Fähigkeiten auf dem notwendigen Niveau befinden.

3.6.2 Koordinationstraining

Es ist rationell, die technische Ausbildung der Elemente und Übungen mit dem Entwickeln der koordinativen Fähigkeiten zu verbinden. Wird ein Element beherrscht, können Varianten eingeführt werden.

Diese Methode nennt man „variiertes Üben". Kennzeichen dieser Methode ist das vielfältige Variieren der Bedingungen, unter denen die Bewegungshandlungen ausgeführt werden sollen. Dies erfolgt durch Verändern der Aktionen in Bezug auf Raum und/oder Zeit und/oder Dynamik.

Zusätzlich können die äußeren Bedingungen geändert werden. Besonders wichtig ist der kurzzeitige Wechsel jeder Aufgabenstellung. Nur durch das Wechseln koordinativ anspruchsvoller Übungen, deren vielfältiges Variieren und Kombinieren in Verbindung mit zielgerichteten Veränderungen der Übungsbedingungen können die Bewegungserfahrungen weiterentwickelt und erweitert werden (Abb. 17).

Abb. 17: Möglichkeiten des Steigerns der koordinativen Anforderungen bei Aerobic-Bewegungen (modifiziert nach HÄRTIG/BUCHMANN 1988)

AEROBIC- BEWEGUNGEN			
Verändern des Bewegungs-inhaltes Varianten	Verändern der äußeren Ausführungs-bedingungen	Verändern der inneren Ausführungs-bedingungen	Verändern der kombinatorischen Anforderungen
• Ausgangs- und Endstellungen oder -bewe-gungen • Teilkörperbe-wegungen • Bewegungs-weite • Gradzahl der Drehungen • Bewegungs-richtung • Bewegungsge-schwindigkeit	• Beschaffenheit des Bodens (glatt, weich) • Federeigen-schaften des Bodens • Einsatz von Hilfsgeräten, z.B. Trampolin, Sprungbrett • Stützfläche (Änderung des Handaufsatzes, einarmig, ein-beinig)	• Mit bestimm-ten Rhythmus-anforderungen • Mit Zusatzge-wichten • Nach hoher physischer Be-lastung • Mit hohen psy-chischen An-forderungen • Begrenzen bis hin zum Aus-schalten der optischen Kon-trolle	• Vorgeschaltete Elemente bzw. Verbindungen • Nachgeschal-tete Elemente bzw. Verbin-dungen • Serienmäßige Ausführung • Improvisieren von Verbin-dungen

In der folgenden Übersicht sind beispielhaft einige Trainingsinhalte aus der Trainingspraxis aufgeführt, die für die Ausbildung der für die Aerobic wesentlichen koordinativen Fähigkeiten eingesetzt werden können. Charakteristisch für diese Übungen ist, dass sie ihren Wert für die Entwicklung der entsprechenden Fähigkeiten verlieren, sobald sie vom Sportler beherrscht werden (Tab. 11). Jeder Trainer ist jedoch aufgerufen, in dem weiten Feld der Fähigkeitsschulung zu experimentieren und neue, unbekannte, reizvolle Übungsvarianten und Kombinationen zu erproben (vgl. GATTERMANN/JANDA in DSLV-Skilehrplan 1996).

Tab. 11: Trainingsinhalte zum Entwickeln koordinativer Fähigkeiten (modifiziert nach HÄRTIG/BUCHMANN 1988)

Inhalte	Varianten
Differenzierungsfähigkeit Strecksprünge	• Auf oder über Minikästen • Mit Längsachsendrehungen 1/4, 1/2 , 1 • Rechts- und linksherum
Gehen, Laufen, Hüpfen	• Linienlauf, Lauf auf Matten, Teppich- fliesen, Treppen • Mit unterschiedlichen Schrittlängen • Mit unterschiedlichem Rhythmus • Schrittkombinationen (z.B. re re li, re re li)
Sprungkombinationen und -serien	• Weit- und Hochsprünge • Mit Hindernissen • Mit Aerobic-Armbewegungen
Kopplungsfähigkeit Gehen, Laufen, Hüpfen, Springen mit unterschiedlichen Teilkörperbe- wegungen	• Mit Drehungen • Mit Raumwegen • Mit Partnerbezug
Komplexe Arm- und Beinkombinationen	• Mit Kopfbewegung • Mit Tempowechsel
Verbindungen von Schritten und Elementen	• Mehrmals wiederholen • Spiegelverkehrt ausführen
Verbindungen von mehreren Sprüngen hintereinander	• Tempowechsel • Mit Längsachsendrehung

Fortsetzung S. 80

Gleichgewichtsfähigkeit

Stände unterschiedlicher Art, mit
unterschiedlichem Spielbein

- Längere Fixierdauer der Stände
- Mit Bewegungen des Kopfes, des
  Körpers
- Nach Drehungen
- Nach Hochtiefbewegungen

Sitze (Quer-, Seit-, Spitzwinkelsitz)

- Mit Bewegung des Körpers
- Aus einer Rollbewegung heraus

Landungen im Stand

- Aus größeren Höhen
- Aus Niedersprung, sw, rw
- Mit Längsachsendrehung

Drehungen

- Größere Gradzahlen (max. 720°)
- Mit verschiedenen Armhaltungen

Rhythmisierungsfähigkeit

Erkennen der 1 und 5 bei verschiedenen Musiken

- Variieren des Tempos
- Variieren der Taktart

Bewegungsfolge nach musikalischen
Rhythmen

- Variieren des Tempos
- Variieren der Reihenfolge

Vorgeben von Rhythmen und eigene
Wahl der Bewegungsart

- Variieren des Tempos

3.6.3 Hinweis zur Durchführung des Koordinationstrainings

Im Gegensatz zu den anderen motorischen Grundfertigkeiten, die zum Teil mit
recht einseitigen Trainingsmethoden entwickelt werden können, werden die koordinativen Fähigkeiten nahezu ausschließlich komplex verbessert. Eine Weiterentwicklung der Koordination ist nur über das Prinzip der ständigen Variation
und Kombination der Übungsinhalte und -methoden zu erreichen. Das Koordinationstraining sollte nicht in ermüdetem Zustand erfolgen, da mit der Ermüdung die Steuerungs- und Regulierungsprozesse verlangsamt ablaufen und da-

mit nicht optimal geschult werden können. Generell sollte möglichst jede Trainingseinheit Formen der Koordinationsssschulung beinhalten, um dem Sportler eine Vielzahl an Bewegungserfahrungen vermitteln zu können.

3.7 Trainingsformen der konditionellen Grundlagen zur Entwicklung der aerobicspezifischen Leistung

Zu Beginn einer zielgerichteten Ausbildung in der Aerobic besteht zwingend die Aufgabe, das Fundament für die weitere Leistungsentwicklung zu legen. Ansonsten ergibt sich, wie bereits öfter erwähnt, ein großes Verletzungs- und Überlastungsrisiko. Des Weiteren besteht die Gefahr des Erlernens von Technikfehlern aufgrund der fehlenden konditionellen Grundlagen.

Es gilt, die konditionellen Grundlagen der motorischen Fähigkeiten Kraft, Schnelligkeit, Beweglichkeit, Ausdauer und Koordination herauszubilden. Die im Folgenden ausgewählten Übungen beinhalten elementare Bewegungsformen und stellen die Grundformen der späteren aerobicspezifischen Technik dar. Diese allgemein bildenden Übungen müssen daher im Ausbildungsprozess vor dem Techniktraining stehen.

3.7.1 Entwicklung der Ganzkörperspannung und der Körperwahrnehmung

Am Anfang sind Übungen zur Körperwahrnehmung und zum differenzierten Muskelempfinden geeignet, um den Sportler in die Lage zu versetzen, Trainerkorrekturen umsetzen zu können.

Beispiele:

- Liegen in der Bauch- oder Rückenlage, Anspannen einzelner Muskelgruppen in einer bestimmten Reihenfolge (beginnend mit den Füßen, aufsteigend zum Kopf und zurück).
- Anspannen des gesamten Körpers, Anheben der Füße durch eine Hilfsperson, wobei der Körper des Sportlers starr bleiben soll.
  Variation:
  => „Toter Mann": Zu dritt (zwei Träger, ein „toter Mann") einer steht zwischen den anderen beiden gespannt mit angelegten Armen und lässt sich von den anderen hin- und herkippen. Diese Übung kann auch als Spiel mit mehreren im Kreis ausgeführt werden.

Foto 4   *Foto 5*

- Handstandprobe.

- Handstand, Partner greift an die Unterschenkel (je weiter Griff Richtung Fußspitze, desto schwerer wird die Ausführung) der im Handstand stehenden Person, Absenken des gestreckten Körpers Richtung Boden.

Foto 6   *Foto 7*

- Stand auf dem Trampolin, beide Arme sind in Hochhalte; Wippen im Tuch bis hin zu kleinen Strecksprüngen.

  Variation:

  => Wie vorher, aber Ausführung auf dem Boden im Stand und sowohl mit Vor- als auch Rückbewegung.

- Fixieren der gestreckten Körperhaltung zwischen zwei Turnhockern.
- Rücken- oder Bauchlage: Langsames Andrehen des Körpers und Ablegen in die entgegengesetzte Lage, ohne dass der Körper beim Umlegen eine Beschleunigung erfährt.

- „Schiffchenschaukel" in der Bauch-, Seit- und Rückenlage.

Foto 8

- Beine auf Erhöhung, Stütz auf den Unterarmen – geführte, aktive Schiffchenschaukel in dieser Position (Seitlage und Bauch zum Boden).

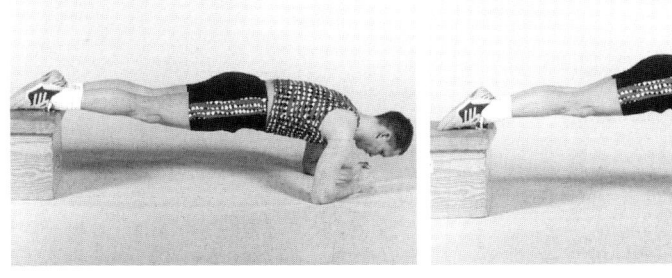

Foto 9   *Foto 10*

- Auf dem Trampolin aus dem Stand in die Bauchlage springen und in der Schiffchenlage federn (jede Lage – Bauch-, Rücken- und Seitlage möglich). *Variationen:*
  => Trainer wippt auf dem Trampolin, sodass der Sportler den eigenen Rhythmus dem des Tuches angleichen muss.
  => Integration einer Bückposition in der Luft.
  => Integration einer halben, ganzen oder doppelten „Huladrehung".
- Gegrätschte und geschlossene Schwebehänge an der Sprossenwand.
- Rückenlage, Hände fassen Sprossenwand, Füße und Körper werden zur Decke gestreckt, Absenken des gestreckten Körpers so weit wie möglich.
- Hangwaage vor- und rücklings am Stufenbarren.

• Schulterstand zwischen zwei Hockern, Absenken des gestreckten Körpers.

Foto 11

3.7.2 Entwicklung der Kraftfähigkeiten

Im Folgenden wird exemplarisch ein Wochentrainingsplan aus dem Krafttrai-
ningsprogramm aufgeführt, der im Laufe des Trainingszyklusses eingesetzt wird.
Eine ausführlichere Darstellung der einzelnen Programme würde den Rahmen
des Buches sprengen.

Wochentrainingsplan Kondition Aerobic 37.-41. Kalenderwoche
Methode: Maximalkrafttraining in Form einer TRISET-Methode an Krafttrainingsmaschinen – drei Sätze, drei verschiedene Übungen – und alle fordern einen
Muskel. Die Übungen sollten 2-3 x pro Woche durchgeführt werden, dabei gilt
5 x in zwei Wochen.

Inhalt	Umfang/Dauer/Häufigkeit	Intensität	Bemerkung
1. Arme	3 Serien à 10-12 Wdh.	80%	Herzfrequenz
• Klimmzüge	zwischen den einzelnen		überprüfen
• Pulldownmaschine	Geräten ist keine Pause,		
• Liegestützmaschine	zwischen jeder Serie		
	3 min Pause		
2. Rumpf/Rücken	3 Serien à 10-12 Wdh.	80%	dito
• Latzug	zwischen den einzelnen		
• Seilzug/Rudern	Geräten ist keine Pause,		
• Kurzhantelrudern	zw. jeder Serie 3 min Pause		

Fortsetzung S. 85

3. Rumpf/Vorderseite • Pullovermaschine • Butterflymaschine • Kurzhantelbutterfly	3 Serien à 10-12 Wdh. zwischen den einzelnen Geräten ist keine Pause, zwischen jeder Serie 3 min Pause	80%	dito

4. Beine
• Ausfallschritt mit
  Gewicht
• Kniebeugen mit
  Gewicht
• Beinstreckermaschine
	3 Serien à 10-12 Wdh.
	zwischen den einzelnen
	Geräten ist keine Pause,
	zwischen jeder Serie
	3-5 min Pause
		80%	dito

5. Bauch • Crunches	3 Serien à 10 Wdh. gerade Bauchmuskulatur; sofort im Anschluss an eine Serie, ohne Pause, lange schräge Bauchmuskulatur trainieren 3 Serien à 30 Wdh., davon 15 re, 15 li mit Kurzhanteln		

3.7.3 Grundausbildung in der Aerobic in Form von Kursen

Das Erlernen von Aerobic-Grundtechniken ist für den Wettkampfbereich von ganz entscheidender Bedeutung. Die Möglichkeit, dies über das Kursprinzip zu erreichen, bietet zu alternativen Methoden, die bereits vorgestellt worden sind, ganz entscheidende Vorteile.

Diese sind:
• Zeitersparnis – Verbindung mehrerer Ziele möglich.
• Flexibilität in der geistigen Mitarbeit von Sportlern.
• Ausbildung der Musikalität und des Rhythmusempfindens.
• Gruppenbildung und Zusammengehörigkeitsgefühl.
• Spaß an der Bewegung.
• Schulung der Präsentation.
• Herausbildung der Vorbildfunktion älterer Sportler bei Gruppen unterschiedlichen Alters.

Der Trainer sollte daher entweder selbst in der Lage sein, Kurse zu erteilen oder entsprechende Personen für diesen Zweck engagieren. Aus Zeitgründen kann es vorkommen, dass der Kurs ausschließlich aus einer Hauptphase ohne Aufwärm- und Abkühlphase besteht, wenn der Kurs in das Training integriert wird oder als Abschluss des Trainings genutzt wird.

Mit Aerobic-Kursen kann ein interessantes und abwechslungsreiches Ausdauer- und teilweise auch Krafttraining durchgeführt werden. Aufgrund der Wichtigkeit dieses Bereiches im Wettkampfbereich sollte jeder Trainer eine Basic-Aerobic-Trainerausbildung besuchen.

Zur Gestaltung von Aerobic-Kursen sei hier auch auf das Buch „Aerobic-Training" von Gudrun Paul und anderen verwiesen.

a) Schwerpunkt: Ausdauer und Koordination

Aerobic-Kurse haben das vorrangige Ziel der Verbesserung der Ausdauer und der Koordination. Die Kurslänge sollte immer mindestens 20 Minuten im Hauptteil betragen, um den Körper dazu zu veranlassen, effektiv im aeroben Trainingsbereich zu arbeiten. Folgende Kurse sind hierfür geeignet:

• Low-Impact-Stunden
• Step-Stunden
• Aerobic-Stunden als High-/Low-Stunde
  Reine High-/Low-Stunden sind die Basis für alle Aerobic-Sportler. Zum einen sind sie wichtig für die Ausbildung der allgemeinen Grundlagen, zum anderen kann mit dieser Stunde auch der Bereich der aerob-anaeroben Schwelle effektiv trainiert werden.
• Step- oder Aerobic-Intervallstunden
  Mit Intervallstunden sind hier ausschließlich Ausdauerkurse gemeint, bei denen die Intensität nicht wie in den vorher dargestellten Formen relativ konstant bleibt, sondern wo bewusst die Intensitätsbereiche gewechselt werden.

b) Koordinative Aspekte

Alle bereits vorgestellten Kursformen bieten sich für ein Koordinationstraining an. Gerade im koordinativen Bereich sind aber sehr viele Spielräume vorhanden, auch innerhalb eines Kurses Sportler mit verschiedenen Leistungsniveaus herauszufordern. Dies verlangt vom Trainer ein hohes Maß an Fertigkeiten in der Leitung von Kursen. Der koordinative Anspruch kann verändert werden durch:
• Räumliche Veränderungen – Drehungen.

- Rhythmische Veränderungen – Ausnutzung von Doppelrhythmen, Endposition in geöffneter/gehobener Position.
- Armgestaltung: Innerhalb der Arme gibt es eine breite Palette von Variationsmöglichkeiten. Genutzt werden können:
  - Unterschiedliche Hebel und Rhythmen.
  - Asymmetrische Bewegungen hinsichtlich der Arme, d.h. der rechte Arm macht eine andere Bewegung als der linke Arm.
  - Kombination asymmetrischer Arm- und Beinbewegungen.
- Einbeziehung der Hände.
- Einbeziehung des Kopfes.

c) Schwerpunkt: Ausdauer und Technikschulung

Unter diesen Bereich fallen Kurse, die koordinativ wenig anspruchsvoll sind und deren Schwerpunkt eindeutig auf hohen Wiederholungszahlen liegt, um Aerobic-Schritte unter konditioneller Belastung zu trainieren. Neben allen bisher genannten Kursen bieten sich hier vorrangig High-/Low-Stunden an. Sinnvoll ist ein solches Training aber nur so lange, wie die Grundtechniken noch erkennbar sind. Daher muss spätestens bei Verschlechterung der technischen Ausführung der Schritt gewechselt werden.

d) Schwerpunkt: Ausdauer und Kraftausdauer

Kurse, welche die Schwerpunkte Ausdauer und Kraft gezielt bearbeiten, werden Circuitstunden genannt. Das Ziel liegt hier in der Verbesserung der allgemeinen Kondition. Bei Integration bestimmter Übungen kann auch eine spezielle Muskelkraftausdauer trainiert werden. Diese Stunden können sowohl mit dem Step als auch als Aerobic-Circuitstunde durchgeführt werden. Bei beiden Formen wird an die Ausdauerphase ein Kraftausdauerteil angeschlossen. Dabei werden verschiedene Muskelgruppen bearbeitet, um am Ende die Hauptmuskelgruppen abgedeckt zu haben. Je nach Länge der einzelnen Blöcke sollten 4-5 Blöcke möglich sein. Hilfsmittel, wie Bänder und Gewicht können und sollen genutzt werden.

Die Intensität dieser Stunden kann bei allen Formen wie folgt erhöht werden:
- Kraftvolle Armbewegungen.
- Drehungen und unterschiedliche Raumwege.
- Rhythmusvariationen.
- Unterschiedliche Wiederholungszahlen.
- Unterschiedliche Bewegungsamplituden.

e) Schwerpunkt: Ausbildung verschiedener Aerobic-Stile

Alle Aerobic-Kürübungen, die verschiedene Bewegungsmuster oder unter-schiedliche Aerobic-Stile beinhalten, wirken für den Zuschauer und die Kampf-richter belebend und machen eine Übung vielseitig. Dieser Aspekt soll den Trai-ner veranlassen, auch diese verschiedenen Formen zu trainieren. Dazu gehören Stundenformate wie:

- Funk/Hip-Hop
- Latin
- Salsa
- Dance- oder Jazz-Aerobic.

Im Nachwuchsbereich sollte mit diesem Unterricht erst begonnen werden, wenn die Grundaerobic-Techniken beherrscht werden. Dann können sie jedoch gut als Motivationsmittel eingesetzt werden.

f) Schwerpunkt: Kinder-Aerobic

Ein umfangreiches Feld in der Nachwuchs- und langfristig auch in der Sichtungs-arbeit stellt die Kinder-Aerobic dar. Im Vordergrund der Kinder-Aerobic steht auf jeden Fall das spielerische Erlernen von Grundfertigkeiten. Ziele der Kinder-Aero-bic sollen sein:

- Die Förderung der Fitness in kindgerechter Form.
- Die aktive Erholung.
- Das Vermitteln eines Gruppengefühls.
- Die Verbesserung der Kommunikation.
- Die Herausbildung eines Musik- und Rhythmusempfindens.
- Die Förderung der Kreativität.
- Die Möglichkeit zur Selbstdarstellung.
- Die Förderung der Konzentrationsfähigkeit.

g) Weitere Kursgestaltungsmöglichkeiten

Neben den bereits vorgestellten Kursen gibt es noch ein paar Alternativen, die aus motivationaler Hinsicht in regelmäßigen Abständen in das Training integ-riert werden sollten. Solche Alternativkurse sind:

- Double-, Tripple- oder Quadrostep
- Circle
- Therarobic.

4 Technik und Methodik zum Erlernen von Schwierigkeitselementen

4.1 Einführung

Maßgebend für die Entwicklung von Schwierigkeitselementen und deren technische Perfektion sind die physischen und psychischen Voraussetzungen der einzelnen Athleten.

Eine Bestimmung des aktuellen Leistungsstandes ist notwendig, um eine realistische Zielstellung zu ermöglichen. Auf der Grundlage dieser Ergebnisse kann dann ein Katalog von Wunschelementen aufgestellt werden, die zukünftig Bestandteile der Wettkampfübung werden sollen. Dabei muss unterschieden werden, ob es sich um kurzfristige Ziele oder Perspektivelemente (Erlernen erst in einer späteren Wettkampfperiode) handelt.

Es gilt der Grundsatz, dass nur das belohnt wird, was mit exzellenter Technik vorgetragen wird. Dies wird umso schwieriger, je mehr Sportler auf der Wettkampffläche sind. Der Trainer oder Betreuer muss sich daher nach dem schwächsten Sportler richten. Bei Beachtung der unterschiedlichen physischen Voraussetzungen muss eine Annäherung aller Athleten an eine entsprechende Kategorie für die Aerobic-Kür erreicht werden. Von daher ist es von entscheidender Bedeutung, dass jeder Trainer über eine exakte und detaillierte Vorstellung hinsichtlich der Technik der Elemente („Solltechnik") verfügt. Diese Kenntnis ist zwingend notwendig, um in der Lage zu sein, Abweichungen vom Optimum schnell feststellen und die damit verbundenen erforderlichen Korrekturmaßnahmen einleiten zu können. Bei unzureichenden oder fehlerhaften Technikkenntnissen des Trainers wird auch der Sportler die Elemente mit den entsprechenden technischen Fehlern erlernen. Eine falsche technische Ausführung später zu korrigieren, erfordert ein sehr zeitaufwendiges Umlernen der bereits erlernten Fertigkeiten.

Daher braucht der Trainer elementspezifische Kenntnisse:
- Detaillierte Kenntnisse der Technik des Zielelements.
- Kenntnisse der typischen Fehler und deren mögliche Ursachen.
- Spezielle Kenntnisse zur Ausprägung konditioneller und koordinativer Leistungsvoraussetzungen, um einen schnellen Lernfortschritt zu ermöglichen.

- Kenntnisse über Möglichkeiten einer Aufgliederung eines Elementes in sinnvolle Lernschritte, einschließlich entsprechender vorbereitender Übungen.
- Kenntnisse über Verbindungsmöglichkeiten (Einbau der Elemente in die Choreografie).

Gerade im Technik- und Methodikbereich muss ein Trainer befähigt werden, eine genaue Fehleranalyse erstellen zu können. Notwendig ist die Kenntnis verschiedener typischer Fehlerquellen. Fehler können bedingt sein durch:
- Falsche bzw. unvollständige Bewegungsvorstellung.
- Unzureichende konditionelle und technisch-koordinative Leistungsvoraussetzungen.
- Verschiedene Ursachen im psychischen Bereich.

Die folgenden Abschnitte dieses Kapitels sollen dem Trainer helfen, ein allgemeines Technikwissen bezüglich der Basiselemente und einiger Variationen zu entwickeln und methodische Wege aufzeigen, dieses Wissen in der Praxis umzusetzen.

Aspekte einer vielseitigen Ausbildung

Erfahrungen aus anderen kompositorischen Sportarten haben gezeigt, dass eine breite Palette an Grundfertigkeiten bezüglich aller koordinativen Fähigkeiten den Lernerfolg beschleunigt und die Fähigkeit zur Ausführung höchster Schwierigkeiten gewährleistet. Gerade dies muss für eine langfristige Entwicklung von Aerobic-Sportlern sowohl im Grundlagen-, Aufbau-, Leistungs- und Höchstleistungstraining mit besonderem Augenmerk verfolgt werden.

Auch in der Aerobic müssen zukünftig die Grundbausteine einer umfassenden Ausbildung für den Erfolg einer soliden Nachwuchsarbeit gelegt werden. Besonders die Nachwuchsarbeit muss gerade bei Trainern und Vereinen sowie Interessierten Anklang finden, die sich langfristig sowohl in der nationalen als auch in der internationalen Spitze halten wollen.

Daher gelten auch beim Erlernen von Elementen in der Sport-Aerobic die didaktischen Grundsätze:
- Vom Leichten zum Schweren
- Vom Einfachen zum Komplexen
- Von der Vorübung über Teilphasen zum Gesamtelement.

Beim Erarbeiten und Trainieren von Schwierigkeitselementen der einzelnen Elementgruppen sollte immer die jeweils zugrunde liegende Basisübung perfekt beherrscht werden. Es wird empfohlen, den jeweils am Anfang dargestellten, methodischen Aufbau einzuhalten, um technische Fehler, Überlastungsschäden oder Verletzungen zu vermeiden.

Der Trainer muss seinen Sportlern ein breites Spektrum an Grundlagenausbildung bieten, um vielseitig ausgebildete, gesunde Athleten heranwachsen zu lassen. Maßgebend für das Erlernen aller Elemente ist eine kontinuierliche Entwicklung aller konditionellen und koordinativen Fähigkeiten. Des Weiteren muss auf eine gute Ballettausbildung Wert gelegt werden, da nicht nur Grundtechniken während dieser Ausbildung trainiert werden können, sondern eine Ballettausbildung auch ein Haltungs- und Grundspannungs- sowie Präsentationstraining ermöglicht. Darüber hinaus werden in ein solches Training vor allem Beweglichkeits- und Gleichgewichtselemente integriert sowie Sprungtechniken erarbeitet. Aufgrund der Wichtigkeit dieses Bereiches wird auf diesen im Rahmen des Kapitels 4.2 näher eingegangen. Wichtig und hilfreich als Basis für alle Sprünge ist ein Training der Längenachsendrehungen. Gerade das Training der Längenachsendrehungen kann gut in ein allgemeines Mittelkörperprogramm integriert werden. Voraussetzung für die Ausführung von Längenachsendrehungen ist die Kontrolle über den eigenen Körper in jeder Lage, um das Verletzungsrisiko zu verringern.

4.2 Beweglichkeitselemente

4.2.1 Klassifikation

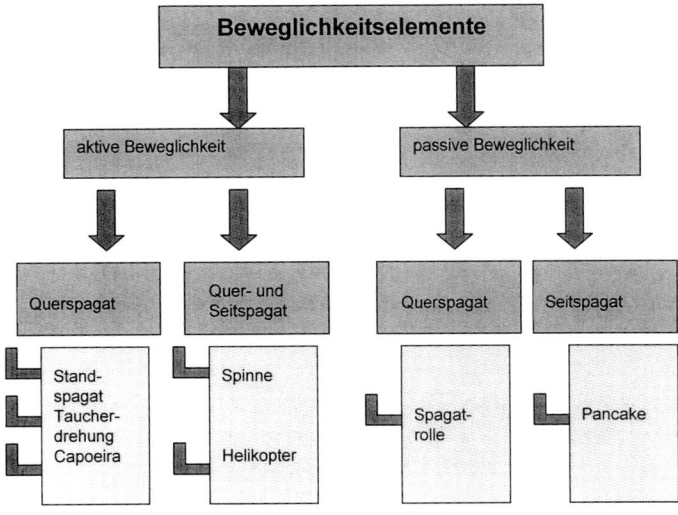

Abb. 18: Übersicht Beweglichkeitselemente

4.2.2 Notwendige körperliche Voraussetzungen

Für das Erlernen von Beweglichkeitselementen ist sowohl eine gute passive als auch aktive Beweglichkeit erforderlich. Die aktive Beweglichkeit lässt sich neben einer Ballettausbildung, auf die noch gesondert eingegangen wird, gut über Spreizprogramme trainieren. Die folgende Auflistung von Übungen soll als Anregung dienen. Sie müssen jedoch in puncto Anzahl und Häufigkeit des Trainings auf das Leistungsniveau der entsprechenden Sportler abgestimmt werden.

- Spreizen in der Rücken- und Seitlage.
- Spreizen im Liegestütz rücklings bzw. seitlings.
- Spreizen (vor und seit) im Stand aus und in die geschlossene Position oder jeweils mit Schritt.
- Standspagat aus der Bückstellung.
- High Kicks.
- Schwebehänge zum Seitspagat an der Sprossenwand.
- Sprünge auf dem Trampolin (Quer- und Seitspagat, Grätschwinkel- = Grätschristsprünge), maximale Anzahl bei technischer sauberer Ausführung.
- Beinhalte vor und seit in der Horizontalen und mit hoher Spielbeinhalte.

Foto 12: Spreizen im Liegestütz rücklings
Foto 13: Standspagat aus der Bückstellung

Wichtig für jegliche Form des aktiven Spreizens ist, dass die Technik nicht zu Gunsten der Bewegungsweite aufgegeben wird. Hierbei ist vor allem auf eine gerade Hüftstellung zu achten, da es sonst auf Grund möglicher Scherwirkungen in der Lendenwirbelsäule (LWS) zu Rückenschmerzen kommen kann.

Als sehr effektives Beweglichkeitstraining eignet sich auch ein Balletttraining – wie schon erwähnt –, da bei gezielter Abstimmung passiver und aktiver Komponenten in kurzer Zeit mit relativ wenig quantitativem Aufwand ein großer Fortschritt erzielt wird. Aus diesem Grund muss ein Balletttraining sowohl an der Stange als auch im Raum durchgeführt werden. Hierfür müssen sicherlich gerade in der Anfangsphase Tanzpädagogen zurate gezogen werden. Für die Aerobic nicht charakteristisch ist eine starke Auswärtsdrehung der Beine und Füße. Das Balletttraining wird daher mit paralleler Bein- und Fußstellung ausgeführt (Ausnahmen: bei Seit- und Rückbewegungen mit Spreizwinkel, entscheidend ist eine gerade Hüftstellung).

Bestandteile im Stangenexercise sind die Basisübungen Plié, Tendu, Jeté, Rond de Jambe, Frappé, Fondu und Battement. Merkmal aller Bewegungen im Balletttraining sind:

- Ein aufrechter, in sich gespannter Oberkörper.
- Gestreckte Beine.
- Eine gerade Hüftstellung, wobei die Beine beim Seit- und Rückspreizen außenrotiert sind.
- Parallele Fußstellung.

Diese Merkmale kennzeichnen unten genannte Grundposition.

Auf Grund der großen Bedeutung werden einige wichtige Beispielübungen aufgelistet:

Tendu
- Ausgangsstellung ist die Grundposition.
- Herausschleifen des Fußes bis zur vollständigen Streckung und späterem Einschleifen desselben in die Ausgangsposition.
- Ausführung vor und seit (eventuell rück); bei der Seitbewegung ist das gesamte Bein auswärts gedreht.
- Kombination mit Flexion des Fußes nach Streckung möglich.
- Ausnutzung von Rhythmusvariationen.

Jeté
- Ausgangsstellung ist die Grundposition.
- Ausführung wie Tendu, aber schnellkräftiges Heben des Beines auf ca. 45° und Abbremsen der Bewegung, kurze Fixierung, Einschließen in die Ausgangsposition.
- Ausführung vor und seit (eventuell rück), bei der Seitbewegung ist das gesamte Bein auswärts gedreht.

- Kombination mit Flexion des Fußes nach Streckung möglich.
- Integration eines Pointé möglich (schnelles Auftippen der Fußspitze und schnellkräftiges Zurückführen des Beines auf eine Ausgangsposition von ca. 45°).
- Ausnutzung von Rhythmusvariationen.

Battement
- Ausgangsstellung ist die Grundposition.
- Schnellkräftiges Spreizen vor und seit; die Rückwärtsbewegung erfolgt mit beiden Händen am Boden und anschließendem Standspagatspreizen.

Foto 14: Tendu, Jeté

Foto 15: Schlussstand, Jeté

Foto 16: Battement

Diese Übungen sollten so schnell als möglich auch Bestandteil eines Trainings ohne Stange sein, da dadurch die Grundspannung des Mittelkörpers erhöht wird. Ein weiterer wichtiger Bestandteil eines Balletttrainings ist der:

High Kick
- Ausgangsstellung ist die Grundposition.
- Spreizen eines Beines vor oder seit (analog dem Battement) mit Integration eines kleinen Sprungs auf dem Standbein (High Impact).

4.2.3 Technik und Methodik der Grundelemente

Grundsätzlich muss bei allen Beweglichkeitselementen eine Spagatphase von 180° gezeigt werden (Ausnahme Spinne und Helikopter). Voraussetzung dafür ist eine passive Beweglichkeit von mindestens 180°. Beide Beine sind während der gesamten Ausführung gestreckt. Für viele Elemente sind spezielle Vorbereitungsübungen nicht notwendig, sodass sie nach Erreichen der passiven und aktiven Beweglichkeit sofort in der Gesamtform trainiert werden können.

- *Rückenlage Quer- oder Seitspagat*
Aus der Rückenlage wird ein Bein zum Querspagat bzw. beide Beine zum Seitspagat geführt. Das oder die Spielbeine werden mit einer bzw. beiden Händen gehalten. Diese Übung eignet sich auch für das Erlernen des Spagats, da hierbei verschiedene Dehnmethoden – aktive und passive Form – Anwendung finden können und der Athlet auf Grund der liegenden Ausführung wenigen Technikfehlern unterliegt. Die passive Methode kann sowohl durch Trainerhilfe, aber auch durch Zuhilfenahme der eigenen Hände oder eines Handtuches erfolgen.

Foto 17: Rückenlage Querspagat

- *Querspagat*
Das vordere Knie zeigt nach oben, das hintere Knie kann zum Boden gerichtet oder ausgedreht sein. Die Hüftstellung ist rechtwinklig zu den Beinen. Als Trainingsform eignet sich auch der Überspagat (Hüftwinkel > 180°), wobei das vordere oder/und hintere Bein auf eine Erhöhung gelegt wird.

Foto 18: Querspagat

• Seitspagat

Der Seitspagat ist ein Spagat in der Frontalebene. Beide Knie zeigen zur Decke. Der Oberkörper ist senkrecht. Als Trainingsform kann die Ausführung auch mit abgelegtem Oberkörper auf dem Boden erfolgen. Dabei werden die Hände auf den Boden aufgestützt. Die Hüfte ist weiterhin ausgedreht. Dieses Element ist unter dem Namen „Frontal Prone Split" bekannt.

Foto 19: Seitspagat und Frontal Prone Split

• „Briefmarke"

Die Briefmarke ist Voraussetzung für Grätschwinkelsprünge und Ausgangsposition für den Pancake. Die Beine sind mindestens rechtwinklig geöffnet. Der Oberkörper wird mit gestrecktem Rücken zwischen die Beine auf den Boden gelegt, sodass zwischen Oberkörper und Boden kein Abstand mehr ist. Als Alternative ist eine Ausführung in der Rückenlage möglich. Der Vorteil hierbei ist, dass die Fehlerquote eingeschränkt ist. Hierbei ist darauf zu achten, dass der LWS-Bereich den Boden nicht verlässt. Um ein erhöhtes Maß an Beweglichkeit zu erreichen, kann die Rückenlage auch auf einer Turnbank erfolgen, wodurch die Bewegungsamplitude erhöht wird.

4.2.4 Technik und Methodik ausgewählter Beweglichkeitselemente

4.2.4.1 Variationen mit passivem Beweglichkeitsanteil

• _Spagatrolle_

Aus dem Querspagat erfolgt eine Längenachsendrehung/Rolle von 360° in den Querspagat. In der Rollbewegung halten ein oder beide Arme das vordere Fußgelenk, um die Spagatposition während der gesamten Rolle beizubehalten. Die Drehung kann über die geschlossene oder offene Seite erfolgen.

Foto 20: Spagatrolle

• _Pancake_

Foto 21, 22, 23
Pancake

Der Pancake, auch unter „Schwimmer" bekannt, hat als Ausgangsposition einen Grätschsitz. Der Oberkörper wird auf den Boden abgelegt. Die Beine werden nun zum Seitspagat gespreizt. Die Bewegung ist beendet, wenn die Bauchlage mit geschlossenen Beinen erreicht ist. Das Becken bleibt während der ganzen Bewegung in Kontakt mit dem Boden. Dabei können entweder die Beine nach hinten geschlossen werden, d.h. der Oberkörper verharrt während der Ausführung auf derselben Stelle oder der Oberkörper wird nach vorne geschoben.

4.2.4.2 Variationen mit aktivem Beweglichkeitsanteil

• *Spinne*

Ausgangspunkt der Spinne ist der Grätschsitz. Die Bewegung beginnt mit dem Heranführen eines Beines zum anderen. In diesem Moment wird auch der Körper in die Rück- bzw. in die flüchtige Seitlage bewegt. Die Bewegung geht weiter über das Passieren des am Boden liegenden Beines bis zum Erreichen eines Querspagates. Dabei beschreibt das sich in der Luft befindende Bein einen (einwärts) horizontalen Beinkreis. Die gesamte Wirbelsäule muss nach dem Ablegen in die Rücklage (über eine flüchtige Seitlage) Kontakt mit dem Boden haben. Befindet sich das Spielbein in der Querspagathalte, beginnt auch das zweite Bein einen Kreis (auswärts) in die gleiche Richtung. Anschließend wird ein Seitspagat gezeigt. Hat das erste Bein den Kreis (360°) vollendet, befindet sich das andere Bein im anderen Querspagat. Dieses Bein wird dann weiter dem Kreis folgend zur Schlussposition geführt. Beide Beine führen daher jeweils einen kompletten Kreis aus. Der Körper dreht sich während dieser Zeit um 180°. Optimal ist, wenn diese Drehung mit der Seitspagatposition (2. Spagatphase) erreicht wird. Die Endposition nach der vollendeten 1/2 Längenachsendrehung ist entweder sitzend oder in der Bauchlage. Im Anfängerbereich eignet sich ein langsames Führen der Beine durch den Trainer, um bei dem Sportler eine gewisse Bewegungsvorstellung zu erzeugen. Bei größeren Wiederholungszahlen empfiehlt es sich, auf einem weichen, rutschigen Untergrund zu trainieren.

• *Helikopter*

Die Anfangsphase des Helikopters ist identisch mit der Spinne. Nachdem der Körper bis zum Erreichen der Seitspagatposition schon eine 1/2 Längenachsendrehung absolviert hat, erfolgt nun ein zusätzlicher explosiver Abdruck von der Schulter, wobei der Körper in die Luft beschleunigt wird. Dieser Abdruck kann durch einen zusätzlichen Einsatz des Unter- oder Oberarmes oder des Ellbogens verstärkt werden. Während der Flugphase vollführt der Körper eine weitere 1/2

Längenachsendrehung, sodass eine Landung im Liegestütz möglich ist. Voraussetzung für eine notwendige Kraftübertragung ist eine perfekte Körperspannung. Die Blickrichtung von Ausgangs- und Endposition ist identisch.

• *Standspagat*

Beim Standspagat ist eine aktive Beweglichkeit von 180° erforderlich. Das Gewicht ruht auf einem Fuß und kann durch eine oder beide Hände neben dem Standbein im Gleichgewicht gehalten werden. Das Spielbein befindet sich in der Spagatposition. Kopf, Körper und Spielbein sind in einer Linie. Der Oberkörper ist senkrecht. Dieses Element kann sowohl über ein Balletttraining als auch über Spreizprogramme gut entwickelt werden.

Foto 24: Standspagat

• *Taucherdrehung*

Die Anfangsposition ist gleich der Endposition im Stand. Die Taucherdrehung ist mit einer 1/2 oder ganzen Drehung möglich. Mit der Einleitung der Drehung wird der Körper in eine senkrechte Spagatposition gebracht. Während der Körper um das Standbein eine Drehung von 180° oder 360° ausführt (Kriterium ist die Hüfte), muss ein kompletter Kreis des Spielbeines (Beinbewegung zurück zum Standspagat und weiter über vor zur Grundposition) gezeigt werden. Die Taucherdrehung kann mit oder ohne Stütz der Hände erfolgen. Am Anfang soll die Taucherdrehung immer nur mit Handaufsatz erlernt werde, um ein achsengerechtes Arbeiten zu ermöglichen. Sinnvoll ist, mit einer 1/2 Drehung zu beginnen, bevor eine ganze Drehung integriert wird. Als Hilfe für die Bewegungsvorstellung der Sportler bietet sich ein langsames Führen durch den Trainer an.

4.3 Dynamische Kraftelemente

4.3.1 Klassifikation

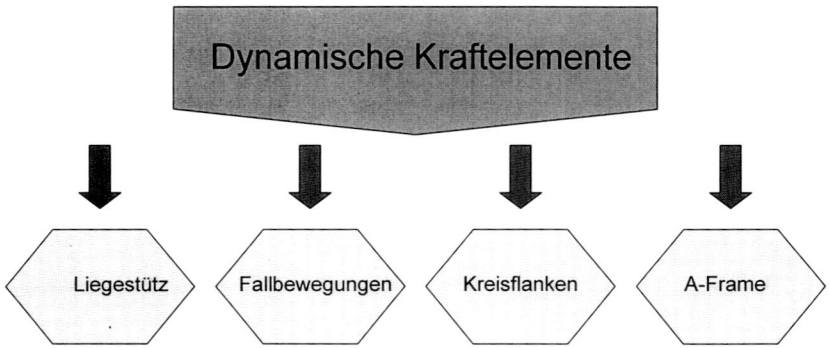

Abb. 18: Übersicht dynamische Kraftelemente

4.3.2 Notwendige körperliche Voraussetzungen

Für das Erlernen aller dynamischen Kraftelemente ist eine gute Mittelkörperspannung notwendig. Hauptmuskelgruppe aller Liegestütze ist mit wenigen Ausnahmen der große Brustmuskel. Diesem muss neben der oben genannten Mittelkörperspannung in der Vorbereitung besondere Aufmerksamkeit geschenkt werden. Voraussetzung für die Durchführung qualitativ hochwertiger Liegestütze ist eine adäquat ausgeprägte Schulter-, Schultergürtel- und Brustmuskulatur. Für alle Liegestützformen mit engem Stütz sollte der Trizeps gut ausgeprägt sein. Zu seiner Kräftigung ist ein Training an Geräten sinnvoll. Möglich sind auch Beugestütze oder Dips.

Für eine perfekte Körperspannung ist eine Fixierung der Schulterblätter wichtig. Eine gut entwickelte Rückenmuskulatur ist daher notwendig. Des Weiteren muss darauf hingewiesen werden, dass gerade durch die enorme Belastung des Brustmuskels dem Training der Rückenmuskulatur in der Aerobic verstärkte Aufmerksamkeit geschenkt werden muss, um muskuläre Dysbalancen zu vermeiden. Resultat dieser Dysbalance sind starke Haltungsfehler und eine hohe Verletzungsgefahr.

Weitere Voraussetzung für das Erlernen von dynamischen Kraftteilen ist eine gut ausgeprägte Stützkraft. Im Folgenden werden Übungsbeispiele aufgezeigt, die diese Fähigkeit trainieren. Mögliche Trainingsgeräte sind hierbei der Handstütz-barren, der Parallelbarren sowie Kastenteile. Es empfiehlt sich, mit dem Hand-stützbarren oder Kastenteilen zu beginnen, da durch die Möglichkeit des Able-gens der Beine die auftretenden Kräfte um ein Vielfaches reduziert und somit die Übungsausführung erleichtert wird. Wichtig für die Ausführung aller folgenden Übungen ist die Fixierung der Schulterblätter sowie eine gute Mittelkörperspan-nung. Aus Gründen der Prävention muss im Kinder- und Nachwuchstraining ein Stützkrafttraining dosiert eingesetzt werden, da gerade bei Kindern sich der Be-wegungsapparat noch im Aufbau befindet und folglich sehr anfällig bezüglich Überlastungserscheinungen ist. Beispiele für ein Anfängertraining sind:

- Stütz auf Handstützbarren oder am Kastenrand, Füße liegen auf dem Boden, Knie sind gebeugt, Ellbogen werden leicht gebeugt fixiert, Halten der Stütz-position (Gesäß ist in der Luft, aber nah an der Stützstelle), Erschwernis der Übung durch das Strecken der Knie.
- „Schildkröte", siehe vorige Übungsausführung, Körper wird so weit gesenkt, bis die Schultern die Ohren annähernd berühren können, Schieben der Schul-tern in die Ausgangsposition.

Nach dem Erlernen dieser Grundformen folgt ein kontinuierlich angelegtes Pro-gramm zur Entwicklung der Stützkraft auf dem Parallelbarren. Die nachstehen-den Übungen sind Vorschläge.

Der Leistungsstand der Sportler ist zu beachten, um Überlastungen des Stütz- und Bewegungsapparates zu vermeiden.

- Alle oben genannten Beispiele können als erschwerte Trainingsvariante auch auf dem Parallelbarren ausgeführt werden, wobei der Körper in einer starren, senkrechten Position gehalten wird.
- Stütz und Schwingen vor und zurück mit starrer Körperposition.
- „Stützeln" vorwärts und rückwärts.
- Kleine Sprünge im Stütz über den Parallelholm (vorwärts und rückwärts).

Diese Übungen sind gleichzeitig auch eine geeignete Vorbereitung der stati-schen Kraftelemente.

4.3.3 Der Liegestütz als Basisbewegung

Der Liegestütz spielt als Element in einer Wettkampfübung meist nur in den Ju-gend- und Teamkategorien eine wichtige Rolle, ist aber als Basisbewegung Vo-raussetzung für alle Liegestützvariationen und Landungen.

Ausführung der Basisbewegung Liegestütz

Bei der Start- und Endposition sind beide Hände in Kontakt mit dem Boden, die Ellbogen sind gestreckt, jedoch nicht überstreckt. Beide Schultern sind parallel zum Boden. Der Kopf befindet sich in Verlängerung der Wirbelsäule. Im Körper ist von den Fußspitzen bis zum Kopf eine Linie erkennbar. Der Liegestütz ist durch eine Beugung und anschließende Streckung der Ellbogen definiert. Während des gesamten Liegestützes muss der Körper in einer gestreckten Körperposition gehalten werden.

Die Beuge- und Streckphase der Arme wird kontrolliert ausgeführt. Der Abstand des Oberkörpers zum Boden ist bei guter Ausführung sehr gering. Ein Berühren des Bodens ist nicht erlaubt. Eine gute Ausführung hinsichtlich der Bewegungsweite ist jedoch schon dann gegeben, wenn der Winkel im Ellbogen ca. 90° beträgt. Dieser Winkel ist stark abhängig von der Hand- bzw. Schulterstellung. Während der Ab- und Aufwärtsphase des Oberkörpers sind die Schultern parallel zum Boden; die Schulterblätter sind fixiert.

Bei den Basisbewegungen wird zwischen zwei verschiedenen Stützstellungen unterschieden. Beim breiten Liegestütz – mindestens schulterbreiter Stütz – zeigen die Hände leicht nach innen, da hierbei die Handgelenke der geringsten Belastung ausgesetzt sind.

Beim Trizepsliegestütz ist der Stütz der Hände schulterbreit, die Fingerspitzen zeigen nach vorne und die Ellbogen sind nach hinten gerichtet. Während die Arme in dieser Stellung gebeugt werden, bleiben die Unterarme senkrecht. Die Ellbogen sind nah am Körper.

Foto 25, 26: Sportlerin mit breitem Stütz, Sportler mit engem Stütz

Als Lernstufe empfiehlt es sich, neben einem möglichen Krafttraining auch an der spezifischen Bewegung der Liegestütze mit Erleichterungen zu arbeiten:

- Halbe Liegestütze – Knie befinden sich auf dem Boden (je weiter die Knie vom Körperschwerpunkt entfernt sind, umso schwerer wird die Ausführung).
- Liegestütz mit gegrätschter Beinhaltung.
- Hilfestellung durch Unterstützung des LWS-Bereichs (Handtuch oder Hand).
- Stütz auf Erhöhung.

4.3.4 Allgemeine Vorbereitung für Landungen im Liegestütz

Wenn der Liegestütz als Basisbewegung beherrscht wird, kann die Landung im Liegestütz vorbereitet werden. Dazu muss ein Training der Basisbewegung unter erschwerten Bedingungen erfolgen.
Beispiele hierfür sind:

- Liegestütz mit Füßen auf Erhöhung.
- Wandern der Hände auf ein Step oder eine andere Erhöhung.
- Liegestützposition auf Handstandklötzen, leichtes Federn in dieser Lage auf dem Trampolin.
- „Schubkarre" (Partnerübung) – auch mit kleinen Sprüngen möglich.
- Ausführung des Liegestützes mit Zusatzgewicht auf dem Rücken.
- Liegestütz mit Abdruck der Hände (auch mit zusätzlichem Handklatsch möglich).
- Liegestütz mit Abdruck auf eine Erhöhung.

Das Landungstraining an sich soll am Anfang unter erleichterten Bedingungen trainiert werden. Es gibt verschiedene Möglichkeiten, hier einige Beispiele:

- Ausgangsstellung für alle weiteren Beispiele:
  Beidbeiniger Kniestand, Körper ist senkrecht, gespannte Körperposition. Die nachstehenden Übungen beginnen alle mit einem kleinen Armschwung als Auftaktbewegung.
  - Fallen zum Liegestütz, die Knie bleiben am Boden.
  - Kleiner Abdruck von den Knien, freier Fall in den Liegestütz, Knie werden in der Luft gestreckt (die Übung kann später auch mit integrierten Drehungen ausgeführt werden).
- Stand, Standwaage ohne statischen Halt, keine horizontale Lage des Körpers notwendig, Standbeinknie kann unterschiedlich stark gebeugt werden – je stärker die Beugung, umso geringer die Fallhöhe, Sprung zum Liegestütz.
- Standwaage vorlings, Sprung zum Liegestütz.

Anschließend kann der freie Fall des gesamten Körpers aus dem Stand in den Liegestütz trainiert werden. Da dieses Element ein selbstständiges dynamisches Kraftelement ist, wird auf Technik- und Ausführungsmerkmale im folgenden Abschnitt näher eingegangen.

4.3.5 Technik und Methodik der freien Fälle

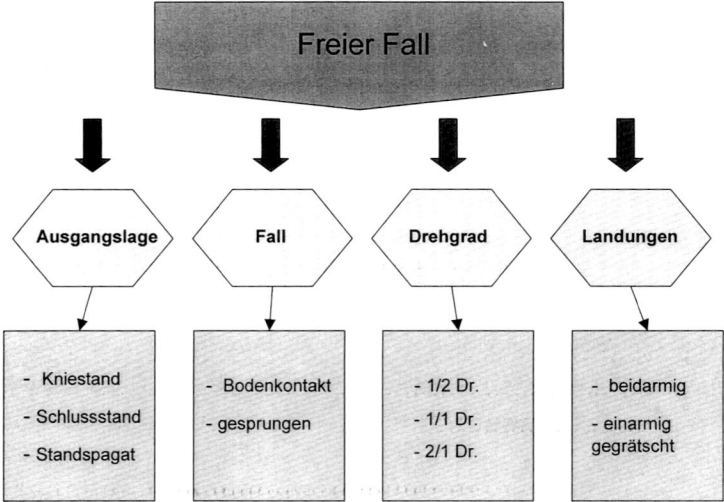

Abb. 19: Übersicht über die freien Fälle

4.3.5.1 Grundelemente

Kennzeichnend für den freien Fall ist eine Fallbewegung des gestreckten Körpers (absolut gespannte Körperposition) zum tiefen Liegestütz. Die Landung muss kontrolliert ausgeführt werden. Dabei werden die Arme gebeugt und der Körper ohne Bodenkontakt abgebremst. Bei gesprungenen freien Fällen landen die Hände und Füße gleichzeitig. Zur Erarbeitung der freien Fälle ist ein Landen mit dem gesamten Körper auf einer Matte zu empfehlen. Ziel ist, eine perfekte Körperspannung bis zur Bauchlage zu halten, ohne dass der Zwang zum Landen aufgrund der Matte besteht. Die Hände werden jedoch schon zum Liegestütz aufgesetzt, auch wenn die Arme in dieser Lernphase nicht die Hauptarbeit leisten. Auch im weiteren Trainingsprozess sollen freie Fälle auf einen weichen Untergrund trainiert werden, um die Gelenkbelastung zu verringern.

• *Freier Fall*
Das Grundelement erfolgt aus dem Schlussstand (Beine geschlossen, Körper ist senkrecht). Der Körper fällt Richtung Boden und wird in einer tiefen Liegestützposition abgefangen.

Foto 27: Freier Fall

• *Gesprungener freier Fall*
Der Fallbewegung geht ein Absprung voraus. Dieser kann senkrecht nach oben oder schräg vor ausgerichtet sein. Bedingung für ein gleichzeitiges Landen von Händen und Füßen ist eine Sprunghöhe, die es ermöglicht, den Körper während der Luftposition in eine fast horizontale Lage zu bewegen. Die Armführung ist beliebig. Sie soll auf jeden Fall den Absprung unterstützen.

4.3.5.2 Variationen der freien Fälle
Alle Landungen im Liegestütz können sowohl beid- als auch einarmig erfolgen. Bei Landungen auf einem Arm ist aus statischen Gründen eine gegrätschte Beinposition notwendig. Trotz der geringeren Unterstützungsfläche darf außer einer Hand und den Füßen keine Bodenberührung stattfinden.

• *Freier Fall mit Drehungen*
Bei allen Variationen des freien Falls mit integrierten Drehungen setzt die Drehung des Körpers um die Längenachse erst ein, wenn der Körper bereits in Richtung Boden fällt. Die Landung erfolgt in einer Liegestützposition. Andere Landepositionen sind möglich, aber sehr selten zu sehen. Die Füße haben immer Kontakt zum Boden. Alle Drehungen werden durch einen aktiven Drehimpuls der drehentfernten Schulter eingeleitet. Bei einer Drehung nach links ist die linke Schulter die drehnahe und die rechte Schulter die drehentfernte Seite. Ausgangspunkt für freie Fälle mit ganzer Drehung ist mit dem Gesicht in Landerichtung. Halbe Drehungen werden entgegen der Landerichtung begonnen. Während die

Sportler bei freien Fällen mit ganzer Drehung immer Sichtkontakt zum Boden haben, fällt er beim freien Fall mit halber Drehung rückwärts. Es besteht kein Bodensichtkontakt zu Beginn des Falls.

• *Tamaro*

Der Tamaro erfolgt aus der Standwaage. Durch Beugen und Strecken des Standbeines wird der Körper senkrecht beschleunigt. Nach dem Absprung wird das Standbein explosiv zum anderen Bein Richtung Waagerechte bewegt. Danach wird die Drehung eingeleitet, welche mit geschlossener Beinhaltung in horizontaler Körperlage durchgeführt wird. Die Längenachsendrehung muss vollständig in der Luft abgeschlossen werden. Die Landung erfolgt im Liegestütz oder im Seitspagat. Erster Schritt beim Erlernen des Tamaros ist die Liegestützlandung aus der Standwaage. Wichtig ist das aktive Schließen der Beine vor der Landung. Die Landung erfolgt mit Händen und Füßen gleichzeitig. Vor dem Schließen der Beine ist ein kräftiger Absprung vom Standbein notwendig, um eine Flughöhe zu erreichen, die eine Längenachsendrehung möglich macht. Zu empfehlen ist zunächst ein weicher Untergrund. Der Sportler muss die Standwaage auf der Weichmatte ausführen. Sie muss nicht notwendig statisch sichtbar gehalten werden. Für das Erlernen des Tamaros genügt ein schnelles Führen des Körpers in die Horizontale. Das Gleichgewicht muss trotz der weichen Matte gefunden werden. Erst dann ist das Einführen der Längenachsendrehung sinnvoll. Begonnen wird mit einer Vierteldrehung oder halben Drehung in die Seit- oder Rückenlage, um achsengerecht zu arbeiten. Dabei muss der Körper während der Drehung in einer waagerechten Position verharren. Ziel ist es, an der Stelle, wo der Absprung erfolgt, auch wieder zu landen.

• *Gainer 1/2 Drehung*

Der Gainer ist ein einbeinig abgesprungener freier Fall mit 1/2 Drehung. Die Flugphase wird durch eine Kickbewegung des gestreckten Schwungbeines (ca. 90°) eingeleitet. Nach dem Absprung folgt eine 1/2 Drehung des Körpers mit anschließendem Absenken des Oberkörpers. Die Drehrichtung bestimmt sich nach der Wahl des Schwungbeines. Es wird über die offene Seite gedreht, d.h. beim Einsatz des rechten Beines als Schwungbein erfolgt eine Linksdrehung des Körpers und umgedreht. Während des Schließens der Beine erfährt der Körper eine vollständige Streckung. Diese Position muss bis zur Landung beibehalten werden. Die Landung erfolgt im Liegestütz. Begonnen wird bei diesem Element mit der Schulung der Fähigkeit eines einbeinigen Absprunges mit später integriertem Beinschwung auf ca. 90°. Dafür kann ein bereits vorgestelltes Balletttraining genutzt werden. Der Absprung kann dabei sowohl auf als auch neben der Matte erfolgen. Erfolgt die Variante des Absprunges neben der Matte, muss die Matte in Drehrichtung neben dem Sportler liegen.

4.3.6 Technik und Methodik der verschiedenen Formen eines Liegestützes

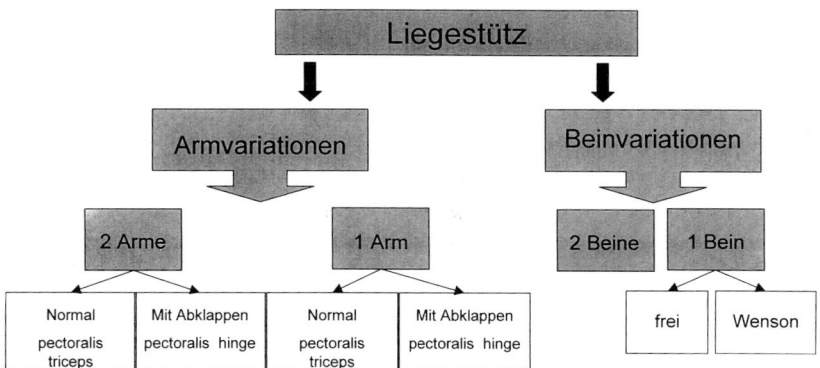

Abb. 20: Übersicht Liegestütz

4.3.6.1 Variationen ohne Beweglichkeitsanteil

• *Liegestütz mit seitlichem Abklappen*

Dieser Liegestütz hat vier verschiedene Phasen: In der ersten Phase bewegen sich Schultern und Körperschwerpunkt Richtung Boden abwärts. Danach wird ein Ellbogen in dieser Position seitwärts auf den Boden und wieder zurück „geklappt". Die Schultern bewegen sich während der gesamten Zeit in der Horizontalen. Nach dem Zurückklappen werden die Arme wieder gestreckt. In der Lernphase wird mit der Klappphase begonnen. Dies kann insbesondere bei einer größeren Trainingsgruppe oder für ein selbstständiges Training durch Ablegen der Knie auf den Boden erfolgen. Eine ähnliche Wirkung erzeugt die Hilfestellung an der Hüfte des Sportlers durch eine zweite Person.

• *Liegestütz mit rückwärtigem Abklappen*

Eine Liegestützvariante, bei der die Klappphase nach hinten erfolgt. Von daher ist dieser Liegestütz auf der Fußspitze zu beginnen. Der Stütz der Hände ist eng, die Fingerspitzen zeigen nach vorne. Die Ellbogen sind schmal am Körper und nach hinten gerichtet. Der Körperschwerpunkt wird in Richtung Boden bewegt. Es folgt ein Klappen der Unterarme auf den Boden und zurück. Währenddessen wird auch mit den Füßen eine Umsetzphase auf den Fußballen und zurück absolviert. Die Beine sind während der gesamten Bewegung geschlossen. Auch beim „hinge push up" müssen vier Phasen gezeigt werden.

Diese Form des Liegestützes beansprucht hauptsächlich den Trizeps. Voraussetzung ist der Trizepsliegestütz als Basisbewegung.

Foto 28: Liegestütz mit rückwärtigem Abklappen

• *Einarmiger Liegestütz (inklusive Klappversionen)*
Bei einarmigen Liegestützvarianten gelten exakt die gleichen Kriterien wie bei der Basisbewegung. Der Stützarm kann sowohl zur Seite als auch nach hinten (parallel zum Oberkörper) gebeugt werden. Die Armhaltung des freien Armes ist beliebig. Je körpernaher sich der Arm befindet, desto geringer ist der Krafteinsatz, desto schwerer ist das Halten des Gleichgewichtes. Die Beine sind gegrätscht. Der einarmige Liegestütz als Klappversion ist sowohl mit seitlichem als auch mit einem Absenken der Arme nach hinten möglich. Es gelten die gleichen Anforderungen wie bei beidarmiger Ausführung.

Ausgangspunkt zum einarmigen Liegestütz ist der einarmige Stütz. Dazu nimmt der Sportler eine gegrätschte Liegestützposition ein und löst jeweils eine Hand vom Boden, ohne dass sich die Körperposition ändert. Die Schulterblätter werden fixiert. Diese Bewegung wird mit verschiedenen Positionen der Beine trainiert. Aus Gründen der Ausgewogenheit müssen beide Seiten in dieser Form gleichmäßig trainiert werden. Als Folgeübung bietet sich der einarmige Liegestütz mit einer breiteren Beinposition an. Ein weiteres Hilfsmittel bietet eine Trainer- oder Partnerhilfe durch Unterstützung der Hüfte mittels der Hände oder eines Handtuches. Zusätzlich soll auch die entgegengesetzte Schulter durch diese Person gestützt werden, um statische Mängel zu korrigieren.

Foto 29, 30: Einarmiger Liegestütz mit Abklappen

- **Einarmig einbeiniger Liegestütz**

Dies ist ein Liegestütz auf nur einem Arm und dem gegenüberliegenden Bein. Die Hand wird leicht außerhalb des Körpers aufgesetzt. Die Richtung des Ellbogens kann während der Abwärtsphase seitwärts oder nach hinten ausgerichtet sein. Abgeklappte Variationen sind sowohl seitlich als auch nach hinten möglich. Voraussetzung für eine technisch einwandfreie Ausführung dieser Liegestützvariante ist das Beherrschen der gegrätschten Liegestützhalte.

Foto 31: Ausgangs- und Endposition   *Foto 32: Einarmig einbeiniger Liegestütz*

4.3.6.2 Variationen mit Beweglichkeitsanteil (Wensonliegestütz)

Alle Elemente der Wensongruppe erfordern eine sehr hohe Beweglichkeit in der Hüfte. Sie werden grundsätzlich (Ausnahme: einarmiger Wenson) mit beiden Händen am Boden ausgeführt, während sich die Beine in einer Spagatposition (Ausnahme: Double Wenson) befinden. Es gelten die Anforderungen für einen Liegestütz.

Foto 33: Wensonliegestütz

• **Wensonliegestütz**
Das vordere Bein liegt auf dem Oberarm oder auf der Schulter und darf den Boden nicht berühren.

• **Freier Wensonliegestütz**
Der freie Wenson unterscheidet sich durch das „Schweben" des Spielbeines über dem Oberarm bzw. der Schulter. Das Bein wird aktiv über dem Oberarm oder der Schulter gehalten. Notwendig ist dafür außer einer sehr guten Flexibilität im Hüftbereich ein gut ausgeprägter Hüftbeugemuskel.

• **Wensonliegestützhalte**
Die Wensonliegestützhalte gehört eigentlich in den Bereich der statischen Kraftteile. Aufgrund der engen Verwandtschaft mit den Wensonliegestützen soll sie jedoch hier mit beschrieben werden. Bei dieser Variation des Wensonliegestützes liegt das Spielbein auf dem Arm auf. Jedoch hat diesmal während der Liegestützphase das andere Bein keinen Bodenkontakt. Nur die Hände stützen am Boden. Aus statischen Gründen muss der Körper über die Fingerspitzen nach vorn verlagert werden. Um den Körper in dieser Position fixieren zu können, ohne vornüber zu kippen, ist eine ausgebildete Oberarmmuskulatur notwendig.

• **Double Wensonliegestütz**
Beim Double Wenson werden beide Beine gleichzeitig auf die zugehörige Schulter/Oberarm gelegt. In dieser Position wird mit gestreckten, horizontal gehaltenen Beinen ein tiefer Liegestütz ausgeführt. Das Kriterium eines Liegestützes muss erfüllt sein. Ein Bodenkontakt der Füße ist nicht erwünscht. Der Rücken soll gestreckt sein. Grundvoraussetzung ist das Beherrschen der „Briefmarke" und des Liegestützes.

Foto 34, 35: Double Wensonliegestütz

4.3.6.3 Variation mit Flugphase

Merkmal aller Liegestützvariationen mit Flugphase ist ein Abdruck von den Händen und Füßen, um den Körper in eine Luftposition zu beschleunigen. Start- und Endposition ist ein tiefer Liegestütz.

• *Gesprungener Liegestütz*

Eine beidarmige Liegestützvariante mit Abdruck vom Boden, sodass die Arme und Beine in der Luft sind. Dabei sind verschiedene Arm- und Körperposition in der Luft möglich:

- • Spinne – Arme und Beine sind leicht gegrätscht.
- • Spinne mit Beugung eines Knies nach innen oder außen.
- • Arme in schmaler Hochhalt, Beine geschlossen.

Kopf, Rumpf und Beine sind parallel zum Boden. Ein Hüftwinkel ist zu vermeiden.

• *Liegestütz mit ganzer Drehung*

Dies ist eine beidarmige Liegestützvariation, bei der der Körperschwerpunkt durch Abstoßen und Lösen der Hände aufwärts angetrieben wird, um eine 1/1 Längenachsendrehung des Körpers auszuführen. Die Füße behalten dabei Kontakt zum Boden. Sie sind geschlossen und unterstützen die Drehbewegung. Die Einleitung der Drehung erfolgt durch die drehentfernte Schulter. Der Schultereinsatz wird durch den Armeinsatz unterstützt. Um eine optimale Drehung zu erreichen, ist ein gutes Timing beider Einsätze notwendig. Die Landung erfolgt mit einem gleichzeitigen Aufsatz beider Hände nach der 1/1 Drehung. Voraussetzung für dieses Element sind der gesprungene Liegestütz und ein gutes Drehverhalten, da auf Grund der relativ geringen Höhe eine sehr schnelle Drehung notwendig ist. Geeignete Vorübungen sind:

- Liegestützposition, langsame Stützdrehung über den Liegestütz rücklings zur Ausgangsposition und zurück.
- Kniestand, Abdruck von den Knien und anschließende Landung im Liegestütz mit integrierter ganzer Drehung.

Diese Vorübungen werden auf einem weichen Untergrund durchgeführt.

- *Liegestütz mit 1/1 Drehung in der Luft*

Bei dieser Variante lösen sich auch die Beine vom Boden. Der Körper befindet sich während der Drehung in der Luft.

- *Straddle Cut*

Ausgangsposition ist ein Liegestütz vorlings. Nach einem schnellkräftigen Abdruck von den Händen erfolgt ein Ausgrätschen der Beine über eine annähernde Seitspagatposition und anschließendes Schließen dieser in den Liegestütz rücklings (gestreckte Arme). Die Landung kann auch im Winkelstütz erfolgen. Variationen der Luftposition sind mit einem Durchbücken an Stelle des Ausgrätschens oder der Integration einer halber Drehung möglich. Dabei wird eine 1/2 Längenachsendrehung in der Horizontalen ausgeführt. Die anschließende Landung erfolgt im Liegestütz. Für alle Variationen des Straddle Cut ist eine perfekte Ausführung des gesprungenen Liegestützes notwendig, um eine entsprechende Höhe für die Integration einer weiteren Bewegung zu erreichen.

4.3.7 Technik und Methodik der verschiedenen A-Frames

4.3.7.1 Das Grundelement und seine Variationen ohne explosiven Charakter

Alle A-Frame-Elemente beginnen in einer Liegestützposition, aus der sich eine „Faltbewegung" des Körpers anschließt. Dabei wird der Körper so zusammengefaltet, dass sich der Oberschenkel und der Bauch fast vollständig annähern. Die Endposition ist erreicht, wenn sich die Beine in der Senkrechten befinden. Der Kopf ist in Verlängerung der Wirbelsäule. Für dieses Element ist eine gute Mittelkörperspannung, ein gutes Armrumpfwinkelverhalten (ARW) und eine gute Bückfähigkeit Grundvoraussetzung. Als Hilfsmittel für das Training des ARW eignen sich besonders elastische Bänder. Der Sportler liegt in der Rückenlage. Gegen den Widerstand eines Bandes wird der Armrumpfwinkel geöffnet und geschlossen. Als Vorübung und zur Entwicklung kann das eigentliche Element in umgekehrter Reihenfolge getrennt erarbeitet werden. Dabei ist die Ausgangsposition der Bückstand. Aus dieser Position muss der Sportler versuchen, den Liegestütz ganz langsam und geführt einzunehmen, indem er Hände und Füße auseinander rutschen lässt.

Die Übung kann bis in die Bauchlage weitergeführt werden. Der Mittelkörperbereich bleibt stabil. Je weiter sich Hände und Füße voneinander entfernen, destò schwieriger wird die Ausführung. Ziel ist, den Körper langsam und geführt in die Bauchlage abzulegen.

• Stütz A-Frame
Das Grundelement A-Frame erfolgt aus der Liegestützhalte mit gestreckten Armen. Während der Ausführung wird die Hüfte nach oben gezogen. Füße und Hände nähern sich einander an. Arme und Beine sind während des gesamten Elementes gestreckt.

Foto 36: A-Frame

• Einarmiger Stütz A-Frame
Der einarmige A-Frame unterscheidet sich vom Basiselement nur durch die einarmige Stützposition vom Beginn der Bewegung bis zum Erreichen der Schlussposition. Die Schultern sind in der Anfangsposition parallel zum Boden gerichtet. Voraussetzung für das Erlernen dieses Elementes ist die statisch gehaltene einarmige Liegestützposition mit geschlossenen Beinen.

• A-Frame mit freiem Stütz
Die Ausgangsposition besteht aus einem Stütz der Hände und Füße mit größtmöglichem Arm- bzw. Beinrumpfwinkel. Die Hüfte hebt sich senkrecht, während Arme und Beine gleichzeitig zusammengezogen werden. Auch hier ist die Endposition erreicht, wenn sich die Beine in der Senkrechten befinden. Für dieses Element sind eine überdurchschnittliche Mittelkörperspannung und gute Hebelverhältnisse Bedingungen für ein erfolgreiches Erlernen. Als methodisches Mittel dafür eignet sich das bereits vorgestellte Mittelkörperprogramm.

4.3.7.2 Variationen mit explosivem Charakter

• *A-Frame explosiv*

Beim explosiven A-Frame muss eine Flugphase während der „Bückposition" gezeigt werden. Aus dem tiefen Liegestütz erfolgt ein explosiver Abdruck der Arme und Beine. Beine und Oberkörper/Arme werden während der Flugphase in eine Bückposition gebracht. Die Landung erfolgt im Liegestütz. Dieses Element kann zum Training der Koordination sehr gut auf dem Trampolin erarbeitet werden. Wie bereits beim Mittelkörperprogramm vorgestellt, erfolgt ein leichtes Federn in der Bauchlage, wobei die Luftposition nach und nach zu einer Bückposition vervollständigt wird. Ansonsten ist sowohl das Grundelement als auch ein sehr explosiver Liegestütz mit Abdruck erforderlich. Möglich ist auch die Ausführung mit Unterstützung einer anderen Person an der Hüfte, um den Auftrieb zu erhöhen.

• *A-Frame explosiv mit 1/2 Drehung*

Eine Variation des explosiven A-Frames ist die Integration von Drehungen in der Flugphase. Die Drehung wird meist vor Erreichen der Bückposition geturnt. Es ist aber auch gestattet, die Drehung während der Klappphase oder bei der Streckung des Körpers in Vorbereitung zur Liegestützlandung zu zeigen.

4.3.8 Technik und Methodik von Kreisflanken

Kreisflanken sind eindeutig dem Männerturnen zuzuordnen. Um die Aerobic vom Kunstturnen abzugrenzen, dürfen Flanken nur mit maximal einer Drehung um 360° gezeigt werden. Ist der Drehgrad größer, werden sie als verbotenes Element eingruppiert und mit Punktabzügen bestraft.

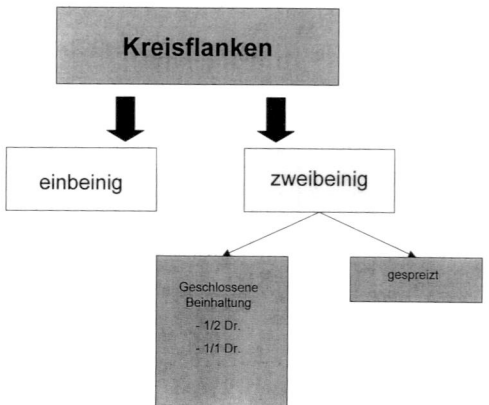

Abb. 21: Übersicht Kreisflanken

4.3.8.1 Das Training der Kreisflanken und deren Voraussetzung

Voraussetzung aller Flanken ist eine sehr gute Stützkraft (auf ein Training dieser Fertigkeit wird speziell in Kapitel 3.2 eingegangen) und eine gute Rumpfstabilisierung. Beim Erlernen von Flanken können die turnerischen Hilfsmittel wie zum Beispiel „Pilz" und „Eimer" genutzt werden, um sich die spezielle Technik schnell aneignen zu können.

4.3.8.2 Ausgewählte Schwierigkeitselemente

• _Einbeinige Kreisflanke_

In der Ausgangsstellung ist ein Bein in Hockstellung, das andere ist gestreckt. Das gestreckte Bein führt ohne Bodenberührung einen ganzen Kreis aus. Dabei muss sich das gebeugte Bein kurzzeitig vom Boden lösen, um das gestreckte Bein passieren zu lassen. Das Körpergewicht ist in dieser Zeit auf die Hände verlagert. Das Element kann ohne notwendige Vorübungen sofort ganzheitlich trainiert werden.

Foto 37, 38, 39: Einbeinige Kreisflanke

• *Beidbeinige Kreisflanke*

Ausgangsposition aller beidbeinigen Flanken ist eine gegrätschte Liegestützposition. Nach dem Schließen der Beine und der Einleitung der Flankbewegung führt der Körper einschließlich der Beine eine halbe oder ganze Umdrehung zum Liegestütz rücklings (1/2 Drehung) oder zum Liegestütz vorlings (ganze Flanke) aus. Ein Bodenkontakt der Beine ist nicht erlaubt. Optimal ist eine gestreckte Körperhaltung während der gesamten Bewegung.

• *Gespreizte Kreisflanke*

Bei dieser Flanke, auch „Thomas-Flanke" genannt, werden die Beine bis fast zum Seitspagat gespreizt. Auch bei der gespreizten Variante bleibt der Körper während der gesamten Bewegung fast vollständig gestreckt.

4.4 Statische Kraftelemente

4.4.1 Klassifikation

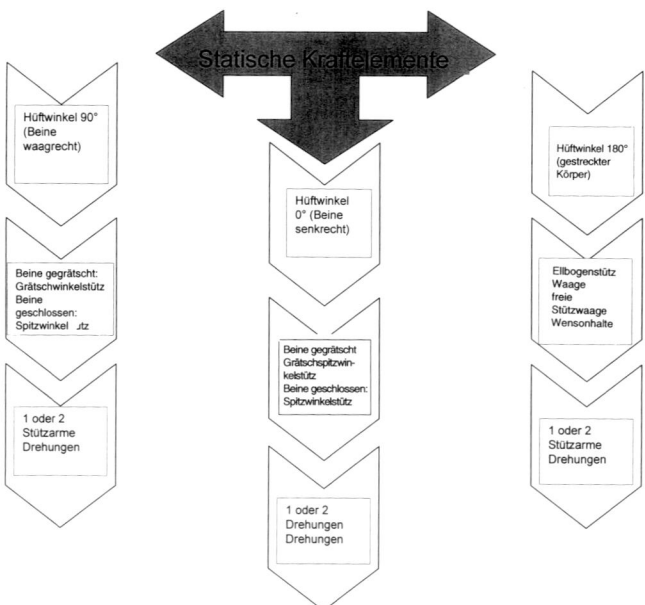

Abb. 22: Übersicht statische Kraftelemente

4.4.2 Notwendige körperliche Voraussetzungen

Notwendig für das Erlernen von statischen Kraftelementen ist eine gute Stütz-kraft und ein ordentlich ausgeprägter Hüftbeugemuskel. Auf mögliche Übungen zur Entwicklung der Stützkraft wurde bereits zu Beginn des Kapitels 4.3 näher eingegangen. Im Zusammenhang mit dem vorliegenden Kapitel werden als Bei-spiele einige Übungen zur Entwicklung der Hüftbeugemuskulatur vorgestellt.

- Sit-ups (Aufrichten aus der Rückenlage in den Hocksitz).
- Grätschwinkel- oder Winkelsitz, Anheben der Fersen und später der Beine.
- Schlussstand, Beine gestreckt, Hände auf den Boden, kleine Vorwärtsschritte der Hände, Füße zu den Händen nachziehen.
- Rückenlage – Beine in Hochhalte, Klappmesserbewegung, Hände und Fuß-spitzen berühren sich, der Körper wird gefaltet.
- Schwebehänge an der Sprossenwand.
- Schwebesitz mit kleinstmöglichem Beinrumpfwinkel: Strecken und Beugen der Kniegelenke, wobei die Oberschenkel während der gesamten Übungs-dauer fixiert werden (Hände liegen auf dem Boden oder können später auch in der Luft gehalten werden).

4.4.3 Technik und Methodik

Statische Kraftelemente sind gekennzeichnet durch einen aktiven Stütz. Bei die-sen Stützelementen wird der Körper vollständig von einer oder beiden Händen gestützt. Bei allen Varianten müssen die Beine gestreckt sein. Jede Endposition muss statisch gehalten werden. Sind Drehungen enthalten, muss der Stütz vor, während oder nach der Drehung gehalten werden.

4.4.3.1 Winkelstütz mit und ohne Drehung

• *Grätschwinkelstütz zwei- und einarmig*

Die Ausgangsstellung für dieses Element ist ein Grätschsitz mit einem Beinwinkel von mindestens 90°. Die Hände stützen auf dem Boden. In dieser Position wird der gesamte Körper vom Boden abgehoben, sodass die Beine parallel zum Boden sind. Der Stütz der Hände kann vor oder hinter dem Körper sein. Der Grätschwin-kelstütz kann auch einarmig ausgeführt werden. Dabei zeigt die Stützhand leicht nach innen. Diese Ausführung bedarf einer erhöhten Stützkraft und Balance. Zum Erlernen des Elementes bietet sich als Hilfsgerät der Handstützbarren an, um den Abstand des Gesäßes zum Boden zu vergrößern. Eine Erleichterung kann auch durch das Anbeugen eines oder beider Beine geschehen. Im fortgeschrittenen Lernstadium müssen die Beine wieder zur Streckung gebracht werden.

Foto 40: Grätschwinkelstütz

• *Winkelstütz*

Beim Winkelstütz sind die Beine geschlossen. Der Stütz ist rechts und links von den Oberschenkeln bzw. der Hüfte. Die Handstellung ist gerade. Der Oberkörper ist aufrecht und der Rücken gerade. Die Schultern sind unten.

Foto 41: Winkelstütz

• **Stütz mit Drehung**

Bei statischen Kraftelementen mit integrierter Drehung auf beiden Händen ist eine sehr enge Handstellung empfehlenswert, um den Drehgrad zu erhöhen. Beide Hände zeigen in eine Richtung. Einige Elemente mit Drehung können auch durch Handwechsel erreicht werden. Bei allen Variationen, die einen Stütz vor dem senkrechten Oberkörper nicht zulassen (Bsp.: Winkelstütz), ist ein Wandern der Hände für die Ausführung der Drehung unerlässlich. Bei statischen Kraftelementen mit integrierter Drehung auf einer Hand ist ein Umsetzen nicht erlaubt. Hier muss die Hand durch eine Gewichtsverlagerung mitgedreht werden. Ein Bodenkontakt der zweiten Hand wird als wiederholtes Ansetzen der Bewegung angesehen. Voraussetzung für das Ausführen von Drehungen ist die Möglichkeit der Gewichtsverlagerung während des statischen Stützens. Als vorbereitende Übung eignet sich Stützeln auf dem Parallelbarren oder Wandern der Hände auf eine Erhöhung, wobei das Element möglichst beibehalten wird. Am Anfang können die Beine auch auf dem Boden abgelegt werden.

• *Grätschspitz- und Spitzwinkelstütz*
Bei allen Spitzwinkelstützvariationen sind die Beine senkrecht. Beim Grätsch-spitzwinkelstütz beträgt die Beinöffnung ca. 90°, beim Spitzwinkelstütz sind die Beine geschlossen.

Foto 42: Grätschspitzwinkelstütz

Foto 43: Spitzwinkelstütz

• *Horizontaler Spitzwinkelstütz*
Der horizontale Winkelstütz ist eine Weiterentwicklung des Spitzwinkelstützes. Kennzeichnend für dieses Element ist der zum Boden parallel verlaufende horizontale Rücken. Der Winkel der Beine zum Boden ist nicht entscheidend, diese können auch diagonal sein. Möglichkeiten zum Training sind:

• Stütz auf Handstandbarren, hinter dem Unterarm befindet sich ein Hocker, um ein „Umkippen" zu verhindern, Gewichtsverlagerung gegen den Hocker so weit, bis die Ausführung des Elementes möglich ist.
• Am Parallelbarren, Schwingen in die gewünschte Endposition, Sicherung durch eine zweite Person am Anfang notwendig.
• Rückenlage, Stütz auf den Unterarmen, Partner hält die Beine mit Handtuch/ elastischem Band, sodass Körper eine waagerechte Position einnimmt (langsame Reduktion der Hilfe).

4.4.3.2 Verschiedene Formen von Stützwaagen

• *Beidarmige Ellbogenstützwaage*
Der Körper ist gestreckt und parallel zum Boden – der Oberkörper und die Beine befinden sich in einer Linie. Der gesamte Körper wird dabei auf beiden Ellbogen

fixiert. Die Beinhaltung kann gegrätscht oder geschlossen sein. Voraussetzung für das Erlernen dieser Form der Stützwaage ist eine gut ausgeprägte Gesäß-, Schultergürtel-, Schulter- und Oberarmmuskulatur. Eine gute technische Ausführung der gegrätschten Ellbogenstützwaage erleichtert das Erlernen der geschlossene Variante. Methodisch kann die Ellbogenstützwaage durch verschiedene Beinhaltungen vorbereitet werden. Je gebeugter die Beine bzw. je größer der Hüftwinkel ist, umso einfacher ist die Ausführung.

Mögliche Vorübungen können sein:
* Stütz auf Erhöhung.
* Beine werden auf Erhöhung aufgelegt, Schulung der Verlagerung und anschließende Fixierung des Ellbogenwinkels in der gewünschten Position.
* Oberkörper liegt auf Erhöhung, Becken ist auf der Kante, Beine liegen auf dem Boden, Anspannen der Gesäßmuskulatur mit anschließendem Abheben eines oder beider Beine.

Foto 44: Ellbogenstützwaage

* **Einarmige Ellbogenstützwaage mit und ohne Drehung**
Diese Ausführung erfordert vor allem ein wesentlich höheres Gleichgewichtsgefühl. Die Beine können ebenfalls schulterbreit gegrätscht oder geschlossen sein. Der freie Arm kann beliebig gehalten werden. Einarmige Ellbogenstützwaagen werden oft mit Drehungen gezeigt. Nach Erreichen einer stabilen Gleichgewichtsausgangslage kann eine Einleitung der Drehung des Körpers durch einen vorsichtigen Drehimpuls im stützenden Handgelenk oder durch Zuhilfenahme der anderen Hand eingeleitet werden. Dabei muss der Körper seine horizontale Lage zum Boden beibehalten und darf in sich nicht kippen.

* **Freie Stützwaage**
Bei der Ausführung der freien Stützwaage sind beide Arme gestreckt. Die Ellbogen haben keinen Kontakt mit dem Oberkörper. Der Oberkörper „schwebt" frei in der Luft. Die Beine sind gestreckt und können sich in der gegrätschten oder

geschlossenen Haltung befinden. Analog zu den Ellbogenstützwaagen ist die gegrätschte Ausführung Voraussetzung für die geschlossene Variante. Wegen der günstigeren Hebelverhältnisse ist ein erheblich geringerer Krafteinsatz erforderlich. Der Oberkörper und die Beine befinden sich in einer Linie. Optimal ist die Ausführung, wenn sich der Oberkörper und die Beine parallel zum Boden befinden. Es ist jedoch eine Abweichung von bis zu 30° für eine technisch gute Ausführung erlaubt. Voraussetzung für das Erlernen ist eine überdurchschnittliche Körperspannung, ein sehr gutes Armrumpfwinkelverhalten und eine gute Stützkraft.

Zum Erlernen dieses Elementes bieten sich an:
- Schulterstand zwischen zwei Hockern, Absenken des gestreckten Körpers so weit wie möglich.
- Hangwaage vor- und rücklings am Einzelholm.
- Handstand auf Handstützbarren, Absenken zur Stützwaage mit und ohne Hilfe durch eine Zusatzperson.

4.4.3.3 Statische Kraftelemente mit Beweglichkeitsanteil (Wenson)
- *Wensonliegestützhalte*

Im Kapitel 4.3 wurden bereits die Wensonliegestützvariationen vorgestellt. Aufgrund der engen Verwandtschaft ist die Wensonliegestützhalte bereits an dieser Stelle beschrieben worden.

4.5 Sprünge

4.5.1 Klassifikation

Alle Sprünge sind durch ein hohes Maß an Explosivität in Verbindung mit einer hohen Bewegungsweite gekennzeichnet. Entscheidendes technisches Kriterium ist die Sprunghöhe und der entsprechende Spreizwinkel.

4.5.2 Technik allgemein

Alle Sprünge können in die Phasen Absprung, Flugphase und Landung unterteilt werden. Bei Sprüngen bietet sich eine Vielfalt von Bewegungsstrukturen an.

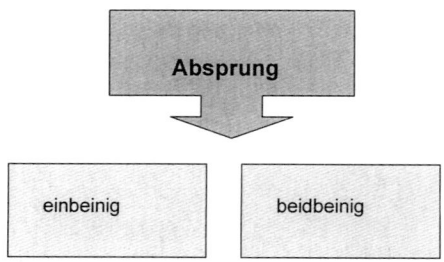

Abb. 23a: Übersicht Absprung

• *Der Absprung*
Der Absprung der meisten Sprünge kann ein- oder beidbeinig erfolgen. Bei beidbeinigen Absprüngen müssen alle beteiligten Gelenke senkrecht übereinander stehen (Sprunggelenk, Kniegelenk, Hüftgelenk). Die Streckung der Gelenke erfolgt ausgehend von der Hüfte über die Knie bis in die Füße und Fußspitzen. Für die Ausholbewegung vor dem Absprung ist ein Beugen der Knie von bis zu 120° optimal. Ist der Kniewinkel kleiner, ist ein höherer Kraftaufwand notwendig. Die Hauptkraft für die Sprunghöhe kommt aus der Gesäß- und Oberschenkelmuskulatur. Der letzte Impuls erfolgt aus dem Fußgelenk und den Fußspitzen, da diese sich zuletzt vom Boden abheben. Zweibeinige Sprünge können sowohl aus dem Stand als auch aus einem Schritt (Anlauf, Anstellen, Absprung) begonnen werden. Ausgangspunkt des Armeinsatzes ist vorn. Die Armhöhe beträgt ca. 90°. Es erfolgt ein Armkreis über hinten unten nach vorn oben bis ca. Augenhöhe. Entscheidend für den Armeinsatz ist neben entsprechendem Krafteinsatz und der Höhe der Oberarme auch die Koordination der Teilimpulse von Armen und Beinen.

Charakteristisch für alle einbeinigen Absprünge ist ein Anlauf mit einem anschließendem Absprung. Grundsätzlich erfolgen alle Sprünge mit gestrecktem Beinansatz, d.h. die Bewegung erfolgt aus der Hüfte. Der letzte Schritt vor dem Absprung (Einsprung) muss sehr flach sein, um die horizontale Geschwindigkeit in vertikale Höhe umsetzen zu können. Der Oberkörper beim Stemmschritt (letzter Schritt) ist leicht schräg rückgestellt. Mit dem Aufsetzen des Absprungbeines erfolgt gleichzeitig ein Strecken des Knie- und Hüftwinkels und dann im Sprunggelenk. Die Fußspitze ist der letzte Impulsgeber für den Sprung. Sie verlässt zuletzt den Boden. Die Landung erfolgt in umgekehrter Reihenfolge. Es ist besonders auf ein Abrollen des Fußes und ein sanftes und nachgebendes Beugen des Kniegelenkes zu achten. Die Armführung ist beliebig. Sie sollte aber den Sprung unterstützen.

Bei beiden Sprungvarianten handelt es sich ausschließlich um Vertikalsprünge, da das Hauptziel im Erreichen einer großen Höhe besteht, um optimale Bedingungen für integrierte Drehungen und große Spreizwinkel zu schaffen.

Foto 45, 46, 47:
Absprung

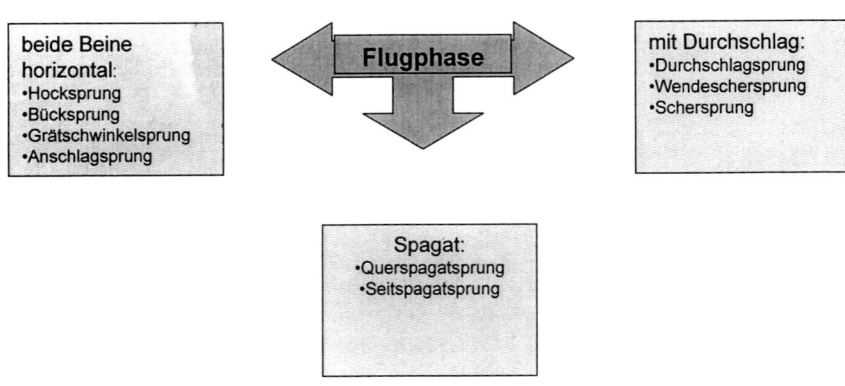

Abb. 23b: Flugphase

• *Flugphase*

Die Luftposition wird durch eine hohe Flexibilität der Hüftgelenke oder/und durch Drehungen bestimmt. Eine Vielzahl von Sprüngen enthält eine Seit-/ Querspagat- und Grätschwinkelposition, wobei bei Spagatpositionen ein Spreizwinkel von 180° für eine gute Technik gezeigt wird. Bei Sprüngen mit Drehungen muss die Drehung komplett während der Flugphase erfolgen. Erlaubt sind nur halbe und ganze Drehungen. Der maximale Drehgrad beträgt 720°.

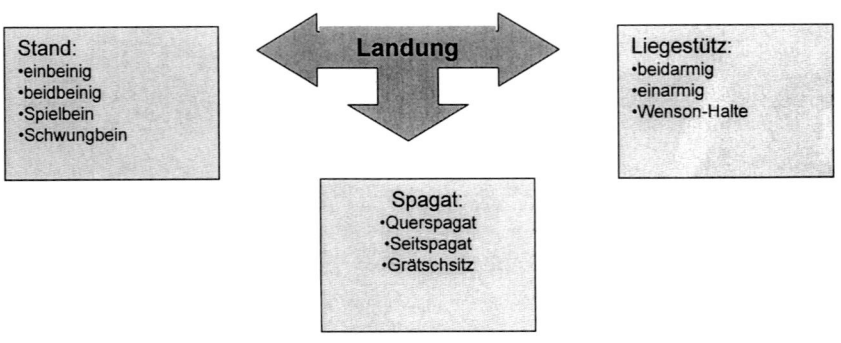

Abb. 23c: Landungen

• *Landung*

Es gibt verschiedene Landepositionen, z.B. ein- und zweibeinige Landungen, Landungen im Seit- oder Querspagat und in verschiedenen Liegestützpositionen (Trizeps, Pectoralis, einarmig, Wenson). Bei zweibeinigen Landungen sind die Füße grundsätzlich geschlossen. Das Spielbein bei einbeinigen Landungen kann beliebig gewählt werden. Die Landung muss kontrolliert ausgeführt werden. Eine gute Abrolltechnik der Füße ist die Voraussetzung für ein gelenk- und wirbelsäulenschonendes Landen. Die Fersen müssen, wenn auch kurzfristig, den Boden berühren. Schritte zur Gleichgewichtsstabilisierung sind zu vermeiden. Landungen im Quer- und Seitspagat sollten aus gesundheitlichen Gründen immer mit vorgeneigtem Oberkörper gezeigt werden. Die Hände können dabei den Boden berühren und die Landung unterstützen. Bei Landungen in den Liegestütz wird der Fall von den Armen und Füßen aufgefangen. Der Körper bildet eine perfekte Linie vom Kopf bis zu den Füßen. Füße und Hände landen gleichzeitig. Weitere Körperteile – außer den Händen und Füßen – dürfen keinen Bodenkontakt haben.

Um die Belastung für die Handgelenke gering zu halten, müssen die Hände ausgehend von den Fingerspitzen über den Handballen abgerollt werden. Die geringste Belastung für die Handgelenke ist erreicht, wenn sich die Ellbogen mit den Fingerspitzen in einer gedachten Linie befinden.

4.5.3 Methodische Vorbereitung von Sprungtechniken und unterschiedlichen Landungen

4.5.3.1 Methodik von Landepositionen

Bei Landungen im Stand ist die Ausführung abhängig von der Sprunghöhe und dem Drehgrad. Um die Belastung der Wirbelsäule zu minimieren, muss ein dynamisches Beugen aller Gelenke vom Hüftgelenk abwärts bis zum Sprunggelenk erfolgen. Der Oberkörper ist gerade. Die Arme sind schräg vor oder tief. Trainingsformen sind:

• Stand, Einnehmen der Landeposition, Trainer oder andere Person fasst auf die Schultern des Sportlers, diese Person übt Druck auf die Schultern des Sportlers aus, um einen höheren Krafteinsatz zu erreichen.
• Kleiner Sprung, Imitation der Landung.
• Sprünge aus unterschiedlichen Höhen (Hocker, Kastenteile, etc.).
• Einbau verschiedener Beinbewegungen (hocken, bücken, seitgrätschen, 1/2 und ganze Drehung).
• Variation der Landefläche (je weicher, desto schwerer ist der Stand).

Häufig werden auch Landungen in Spagatpositionen (Quer- und Seitspagat) gezeigt. Im Hinblick auf Variationen und Vermeidung von Wiederholungen bietet sich hier eine Vielzahl von Möglichkeiten. Da bei allen Sprüngen große Kräfte wirken, ist die Verletzungsgefahr bei ungenügender Vorbereitung groß. Deshalb sollte ein Sprung nur im Spagat gelandet werden, wenn ausreichende passive Beweglichkeit vorhanden ist. Zu empfehlen ist die Vorbereitung durch Überspagatpositionen. Bei Landungen im Seitspagat liegt der Oberkörper auf dem Boden. Die Hände und Arme unterstützen die Landung. Sie stützen rechts und links neben der Rumpfvorderseite und sind leicht nach innen aufgesetzt. Die Ellbogen sind gebeugt. Bei Landungen im Querspagat ist der Oberkörper entweder senkrecht oder nach vorn geneigt. Aus medizinischer Sicht sollen alle schwierigeren und höheren Sprünge mit einem nach vorn geneigten Oberkörper gezeigt werden. Die Arme können unterstützend bei der Landung mitwirken und so einen Großteil der Stauchbelastung für die Wirbelsäule reduzieren. Trotz des nach vorn geneigten Oberkörpers ist der Rücken gestreckt. Die Hände stützen auf Kniehöhe rechts und links vom Körper. Sie sind leicht nach innen gerichtet. Die Ellbogen sind gebeugt.

Foto 48: Querspagatlandung

Der vorgeschaltete Sprung ist vollständig auszuführen. Die Beine werden so spät wie möglich explosiv geöffnet. Kurz vor dem Boden – ca. 10 bis 15 cm – wird der Sprung in eine annähernde Spagatphase abgebremst. Der Weg zum Boden erfolgt durch ein dynamisches, gespanntes und zügiges Rutschen. Währenddessen ist die Beinmuskulatur weiterhin angespannt. Zwischen der eigentlichen Landung der Füße auf dem Boden und der endgültigen im Spagat darf keine Pause oder Unterbrechung sichtbar sein.

Trainingsformen sind für beide Spagatlandungen (mit Schuhen immer auf Parkett oder glattem Untergrund arbeiten, da sonst die Verletzungsgefahr sehr groß ist):

- Rutschen aus dem Stand in die gewünschte Spagatposition.
- Kleiner Absprung in die jeweilige Spagatposition.
- Strecksprung in Spagat.

- Training des Sprungs mit anschließendem Öffnen der Beine (am Anfang sehr klein beginnen, mit zunehmenden Lernstadium sollen die Beine bis zu einem weiten Grätschstand geöffnet werden). Die Landung erfolgt weiter im Stand. Ist der Sportler in der Lage, einen hohen Prozentsatz der Sprünge so zu landen, kann die Spagatlandung trainiert werden.

4.5.3.2 Methodische Entwicklung von Sprungtechniken

Sprungtechniken sind sehr komplex und anspruchsvoll. Eine gute Grundschule ist für die Ausführung aller Folgeelemente entscheidend. Grundtechniken müssen für den beidbeinigen Strecksprung und einen einbeinigen Absprung getrennt erarbeitet werden.

Grundtechnik des beidbeinigen Strecksprunges

Ausgangspunkt des beidbeinigen Strecksprunges ist der Schlussstand. Der Absprung kann entweder aus dem Stand oder einem Schritt erfolgen. Erfolgt die Auftaktbewegung mittels eines Schrittes, müssen die Beine wieder geschlossen werden. Dabei kann das hintere Bein an das vordere mit einem Schritt oder durch einen kleinen Sprung (Assemblé) eingeschlossen werden. In der Luft sind alle Körperteile senkrecht übereinander. In der Seitenansicht ist eine Linie vom Kopf bis zur Fußspitze im Körper erkennbar. In der höchsten Phase des Sprunges werden die Arme zur Seite geführt und dort fixiert. Bei der Landung treffen die Fußspitzen zuerst auf den Boden. Die Füße rollen ab. Alles Weitere ist analog der schon beschriebenen Landeposition.

Variationsmöglichkeiten zum Erlernen schwieriger Sprünge

- Zwei Schritte Anlauf, Sprung auf das Minitramp, Absprung vom Minitramp mit Strecksprung und anschließender Hock-, Bück-, Seitgrätschposition etc., Integration von Drehungen unterschiedlicher Drehgrade.

Mini

Weichmatte

- Zwei Schritte Anlauf, Sprung auf das Sprungbrett, Absprung vom Sprungbrett mit Strecksprung, s.o.

- Beidbeinige Strecksprünge auf dem Trampolin.

- Training mit einer Longe (ausschließlich für Drehungen um die Längenachse notwendig).
- Training von Sprüngen in die Schaumstoffgrube.
- Ausführung von Sprüngen auf einer Weichmatte.
- Sprungtraining mit Partnerhilfe: Der Trainer unterstützt die Sprunghöhe, indem er den Sportler an der Hüfte leicht anhebt. Die Landung soll nicht unterstützt werden, um eine gleichzeitige Landeschulung zu integrieren.

Grundtechnik einbeiniger Absprünge

Einbeinige Sprünge werden entweder nach ein bis zwei Schritten oder einem Chassé gezeigt. Die Arme schwingen im Anlauf dynamisch mit, um den Absprung zu unterstützen. Einbeinige Absprünge sollen in der Grundform beidseitig trainiert werden, um muskulär ausgewogen zu arbeiten.

Variationsmöglichkeiten zum Erlernen schwieriger Sprünge

- Mit Ausnahme des Trampolins/Minitramps können alle oben dargestellten Hilfsgeräte auch auf alle einbeinigen Absprünge angewandt werden.
- Anstelle des Trampolins/Minitramps kann auf ein Eurotramp zurückgegriffen werden. (Es unterscheidet sich vom Trampolin dadurch, dass es länger und etwas härter ist).

4.5.3.3 Methodische Vorbereitung von Längenachsendrehungen

Bei Drehungen um die Längenachse gibt es eine drehnahe und eine drehentfernte Seite. Die Einleitung der Drehung erfolgt durch die drehentfernte Seite. Der Armschwung erfolgt über hinten unten nach schräg oben. Der Drehimpuls geht von der Schulter aus. Werden beide Arme gebeugt und zum Körper zentriert, wird die Drehung beschleunigt.

Dies ist gerade bei Drehungen über 360° notwendig. Es gibt noch eine zweite Form des Armeinsatzes für Drehungen: Diese Variante ist sehr gut für schnelle Drehungen und hohe Drehgradzahlen geeignet. Der drehentfernte Arm ist in Seithalte, der drehnahe entweder in Vor- oder Hochhalte. Beide Arme werden tief zum Körper geführt und weiter zur Seithalte. Dabei beginnt der Körper mit einer Längenachsendrehung. Der drehentfernte Arm zeigt nach vorn. Ist diese Position erreicht, werden beide Arme blitzschnell gebeugt und an den Körper herangenommen. Gleichzeitig erfolgt der Drehimpuls aus der drehentfernten Schulter. Der Blick ist so lange wie möglich nach vorn gerichtet und muss auch dort so schnell wie möglich wieder fixiert werden. Der Oberkörper ist während der gesamten Drehung aufrecht. Die Arme sind in der Landung entweder in Seithalte oder schräg vor. Das Training von Längenachsendrehungen muss ohne Sprung beginnen. Trainingsformen sind:

- Längenachsendrehungen in Bauch- und Rückenlage (siehe Mittelkörperprogramm).
- Wie vorher aber Ausführung auf Trampolin (siehe Mittelkörperprogramm).
- Im Stand – ausschließlich Erlernen der Armbewegung (später mit Körperdrehung möglich).
- Aus dem Stand – Strecksprung mit 1/4, 1/2, 3/4, 1/1 Drehung bis zur Doppeldrehung.

Variationsmöglichkeiten
- Strecksprung mit Drehung unterschiedlichen Drehgrades auf dem Trampolin.
- Strecksprung unter Zuhilfenahme eines Sprungbretts und einer Weichmatte.
- Landen in unterschiedlichen Landepositionen.

4.5.4 Technik speziell

4.5.4.1 Strecksprung mit und ohne Drehung
Diese Sprungform wurde als Grundsprung für alle ausführlich dargestellt.

4.5.4.2 Spagatsprung und seine Variationen
• _Seitspagatsprung/Querspagatsprung_
Der Seitspagatsprung und Querspagatsprung kann sowohl mit ein- als auch mit beidbeinigem Absprung gezeigt werden. Bei der beidbeinigen Variante erfolgt ein vertikaler Strecksprung mit schnellkräftigem Öffnen der Beine zum Seit- oder Querspagat. Der Spreizwinkel ist 180°. Die Arme sind beliebig. Zur Stabilisierung bietet sich jedoch die Seithalte an. Der Oberkörper ist aufrecht und gestreckt.

Foto 49: Seitspagatsprung   _Foto 50: Querspagatsprung_

Variationen sind möglich durch:
- Drehungen vor und/oder nach dem Spreizen
- Unterschiedliche Landungen.

Ein sehr oft gezeigtes Element ist der Seitspagatsprung zum Liegestütz (Schuschunova). Aufgrund der Bedeutung in der Aerobic soll auf die Technik dieses Sprunges näher eingegangen werden. Der Sprung erfolgt aus dem beidbeinigen Absprung in die Seitspagathalte. Die Beine werden gestreckt in der Horizontalen nach hinten geschlossen, wobei sich der Bein-Rumpf-Winkel kontinuierlich auf 180° öffnet. Der Körper liegt fast horizontal in der Luft, Hände und Füße sollen den Boden gleichzeitig bei der Landung berühren. Die Endposition ist im Liegestütz. Die Armführung ist beliebig.

4.5.4.3 Durchschlagsprung und seine Variationen
Durchschlagsprünge können zur Quer- oder Seitspagat- (Luftposition) bzw. zur Grätschwinkelposition gezeigt werden. Nach einem explosiven einbeinigen Absprung und gleichzeitigem Schwingen des Spielbeines bis maximal 90° vor, erfolgt ein „Durchschlagen" dieses Beines. Bei der Ausführung zum Querspagat wird das Spielbein über die Senkrechte nach 90° rück gespreizt. Der Spreizwinkel beträgt 180°. Bei der Variante zum Seitspagat oder zur Grätschwinkelposition wird das Schwungbein über die Horizontale in die entsprechende Endposition gezogen. Wird der Seitspagat als Endposition gewählt, bleibt der Oberkörper aufrecht. Ist die Endposition eine Grätschwinkel-position, ist der Oberkörper leicht vorgeneigt.

Foto 51, 52: Durchschlagsprung

Foto 53, 54: Durchschlagsprung mit Grätsch-winkelsprung

Die Beine sind waagrecht. Die Landung aller Durchschlagsprünge in der Grundform erfolgt im Stand.

Variationen sind möglich durch:
- Drehungen vor und/oder nach dem Spreizen
- Unterschiedliche Landungen.

4.5.4.4 Wendeschersprung und seine Variationen

Dieser Sprung erfolgt aus dem einbeinigen Absprung. Das Schwungbein wird auf maximal 90° nach vorne geschwungen. Nach einem explosiven Absprung und einem gleichzeitigen Schwingen des Spielbeines bis maximal 90° vor erfolgt eine 1/2 Drehung des Körpers.

Währenddessen wird das Schwungbein zurück am Absprungbein vorbeigeführt und in Bewegungsrichtung zum Querspagat gezogen. In Endposition beträgt der Spreizwinkel 180°.

Variationen sind möglich durch:
- (Weitere) Drehungen vor und/oder nach dem Spreizen
- Unterschiedliche Landungen.

Foto 55, 56:
Wendescher-
sprung

4.5.4.5 Grätschwinkelsprung und seine Variationen

Üblich ist ein beidbeiniger Absprung. Die gestreckten Beine werden nach schräg vorne in die Horizontale angehoben, die Beinöffnung beträgt mindestens 90° (Grätsche). Der Oberkörper ist leicht nach vorne geneigt. Daher ist der Winkel zwischen Oberkörper und Beinen kleiner als 90°. Die Armhaltung ist beliebig. Häufig sieht man den Grätschwinkelsprung mit Vorhalte der Arme oder Ausrichtung dieser zu den Füßen.

Foto 57: Grätschwinkelsprung

Variationen sind möglich durch:
- Drehungen vor und/oder nach der Grätschwinkelposition
- Unterschiedliche Landungen.

Eine beliebte Ausführung ist der Grätschwinkelsprung zum Liegestütz (Variation des Schuschunovas). Nach der Grätschwinkelposition werden die Beine über eine Seitspagatposition nach hinten geschlossen werden. Dabei wird der Oberkörper langsam nach vorn in Richtung Waagerechte gesenkt bis im gesamten Körper eine Linie erkennbar ist. Die Landung erfolgt auf Händen und Füßen gleichzeitig.

Foto 58, 59: Grätschwinkelsprung zum Liegestütz

4.5.4.6 Hock- und Bücksprünge und ihre Variationen

• *Hocksprung*

Da der Hocksprung ein technischer einfacher Sprung ist, wird er oft als Variation mit und ohne Drehung zum Liegestütz gezeigt. Begonnen wird der einfache Hocksprung mit einem vertikalen Strecksprung und anschließender Hockbewegung in der Luft.

Diese wird durch eine Beugung der Hüfte erreicht. Die Oberschenkel müssen waagerecht sein. Die Beugung der Knie beträgt höchstens 90°.

• *Bücksprung*

Der Bücksprung wird ausschließlich beidbeinig abgesprungen. Die geschlossenen gestreckten Beine werden in die Horizontale angehoben. Der Beinrumpfwinkel beträgt maximal 90°. Die Landung erfolgt beidbeinig im Stand.

Variationen sind möglich durch:
  • Drehungen vor und/oder nach der Bück- oder Hockposition
  • Unterschiedliche Landungen.

Bücksprünge werden häufig als Variation mit Landung zum Liegestütz gezeigt. Nach Erreichen der Bückposition erfolgt vor der Landung eine komplette Streckung der Hüfte.

4.5.4.7 Anschlagsprung und seine Variationen

Anschlagsprünge werden einbeinig abgesprungen. Das Schwungbein wird nach vorn in die Horizontale angehoben. Dort erfolgt auch der Anschlag des Sprungbeines an das Schwungbein. Die Landung erfolgt in der Grundform auf dem Absprungbein. Bei Anschlagsprüngen mit Drehung erfolgt die Drehung nach der Anschlagphase. Diese Sprünge können auch in der Liegestützposition gelandet werden.

4.6 Gleichgewichtselemente

Gleichgewichtselemente werden in statische und dynamische Elemente eingeteilt. In der Aerobic beziehen sich beide Elementfamilien auf einbeinige Bewegungen (Unterstützungsfläche ist nur ein Fuß), die entweder durch eine sichtbare Statik oder ein Drehmoment gekennzeichnet sind. Im Unterschied zur Gymnastik wird keine Unterscheidung von ganzer Fußsohle und Fußballen gemacht.

Der Körper ist im Gleichgewicht, wenn sich der Körperschwerpunkt über der Unterstützungsfläche befindet. Die Standfestigkeit hängt sowohl von der Größe der Unterstützungsfläche als auch von der Höhe des Körperschwerpunktes ab.

4.6.1 Vorbereitung aller Gleichgewichtselemente

Gleichgewichtselemente können sehr gut durch ein Balletttraining vorbereitet werden. Grundübungen dafür sind die einbeinigen Sohlenstände.

Folgende Variationsmöglichkeiten von Grundübungen auf einem Bein gibt es:
- Auf unterschiedlichen Böden bzw. Weichmatten.
- Mit unterschiedlichen Schuhen.
- Auf Kippelbrettern.
- Mit verschiedenen Spielbeinpositionen.
- Unterschiedliche Gestaltung der Vorbereitung (Zeitverkürzung bzw. -verlängerung bis zur Endposition).
- Eingesprungene Gleichgewichtselemente.
- Aus vorgehenden Drehbewegungen.
- Aus schnellen Aerobic-Bewegungen.

4.6.2 Statische Gleichgewichtselemente

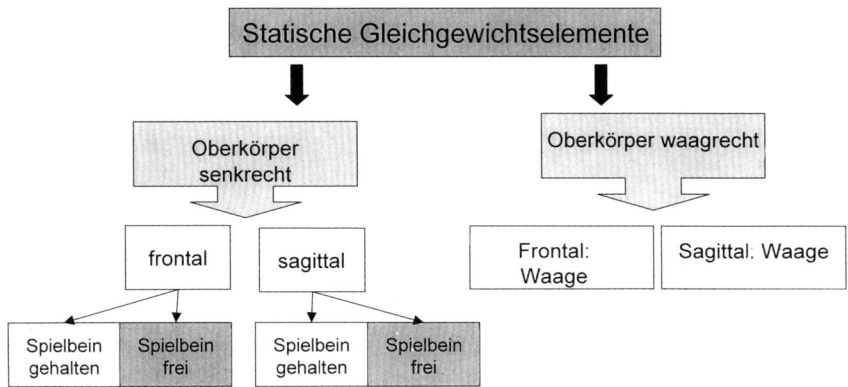

Abb. 24: Übersicht statische Gleichgewichtselemente

4.6.2.1 Statische Gleichgewichtselemente ohne hohe Spielbeinhalte – Standwaagen

Bei der Standwaage ist das Spielbein gestreckt und befindet sich mit dem Körper in einer Linie und parallel zum Boden. Die Hüfte ist in der Ausführung vorlings ebenfalls parallel zum Boden. Als Variation kann die Standwaage seitlings gezeigt werden. Sie ist koordinativ jedoch schwieriger. Alle Standwaagen müssen in ihrer Endposition mit einem sichtbar statischen Halt versehen werden. Die Armhaltung ist beliebig. Es ist aber zu beachten, dass unterschiedliche Armhaltungen den koordinativen Anspruch verändern. Bei der Auswahl muss das daher jeweilige Leistungsniveau berücksichtigt werden.

Foto 60: Standwaage vorlings

Foto 61: Standwaage seitlings

4.6.2.2 Statische Gleichgewichtselemente mit hoher Spielbeinhalte

• *Einbeiniger Stand gefasst*

Das Spielbein wird seitlich bzw. vorn (Querspagat) mit einer oder beiden Händen gehalten. Der Hüftwinkel beträgt bis zu 180° Der Körper und das Standbein befinden sich unabhängig von der Spielbeinhöhe in einer Linie. Die Statik des Gleichgewichtselements bezieht sich auf die Endpose. Wichtig an der statischen Position ist die Streckung des Spielbeines, die Statik des Standbeines und der Bein-Rumpf-Winkel. Variationen von Armpositionen berühren die Statikregel nicht.

Foto 62, 63:
Einbeiniger Stand
gefasst

• *Einbeiniger Stand frei*

Im Unterschied zur Ausführung mit Beinfassung wird nun das Spielbein frei gehalten. Dies erfordert sowohl einen höheren Kraftaufwand als auch eine höhere aktive Beweglichkeit. Das Gleichgewicht ist schwerer zu fixieren.

Foto 64: Einbeiniger Stand frei

4.6.3 Dynamische Gleichgewichtselemente

Dynamische Gleichgewichtselemente - Drehungen

Einbeinige Drehungen

Beidbeinige Drehungen

Spielbein frei

Spielbein vertikal

(nur als Übergang in der Aerobic)

einfach | doppelt

einfach | doppelt

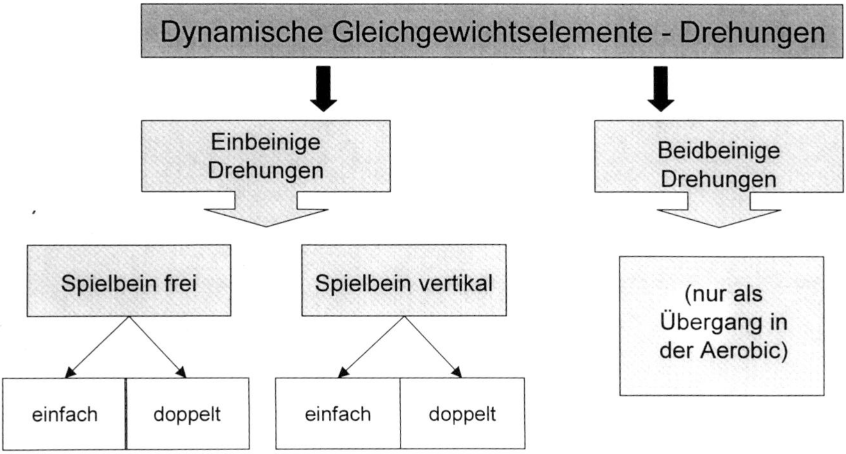

Abb. 25: Übersicht dynamische Gleichgewichtselemente

4.6.3.1 Drehungen ohne hohe Spielbeinhalte

Diese Drehungen werden auf einem Fuß ausgeführt. Die Unterstützungsfläche muss umso kleiner sein, je höher der angestrebte Drehgrad ist. Die Haltung des Spielbeines kann frei gewählt werden – vorausgesetzt, es findet kein Bodenkontakt statt. Typische Ballettdrehungen, bei denen das Spielbein gestreckt oder gebeugt nach hinten gehalten wird, sind wegen einer möglichen Hyperextension nicht erlaubt.

Ebenso sind Drehungen mit einem hohen Drehgrad (mehr als zwei Umdrehungen – 720°) nicht aerobictypisch.

4.6.3.2 Drehungen mit hoher Spielbeinhalte

Die Standspagatdrehung wird als einbeinige Drehung von 360° oder 720° ausgeführt. Das Spielbein befindet sich während der gesamten Drehung entweder in der Vor- oder Seithalte, mindestens in Kopfhöhe. Eine sichtbare Spagathalte sollte angestrebt werden. Das Spielbein kann mit einer oder beiden Händen gehalten werden.

Sehr häufig ist ein beidhändiges Fassen in der Querspagathalte oder ein einarmiges Fassen in der Seitspagathalte zu sehen.

4.7 Kicks

4.7.1 Klassifikation

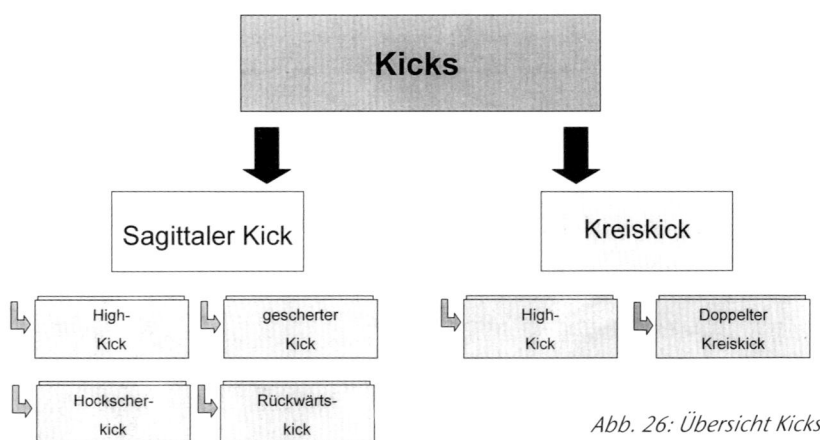

Abb. 26: Übersicht Kicks

4.7.2 Allgemeine Technik

Alle Kicks zeichnen sich durch eine explosive Bewegung eines Beines mit großer aktiver Bewegungsweite aus. Ein gestreckter Beinansatz des Spielbeines ist typisch für die Elementfamilie der Kicks. Es sollte die größtmögliche Bewegungsweite angestrebt werden, die mit einem ruhigen Oberkörper ausgeführt werden kann. Der Kick erfolgt vollständig aus der Hüfte. Dies bedeutet, dass die Bewegungsweite nicht durch ein Kippen des Beckens vergrößert werden darf. Weder in der LWS noch in der BWS darf eine Beugung eintreten.

Vorbereitung von Kicks

Der gestreckte Beinansatz kann durch Balletttraining an der Stange (Tendu, Battement) sehr gut vorbereitet werden. Diese Ausführung als Grundbewegung eines Kicks wird im Low Impact trainiert. Die Arme sollten bei der Vorbereitung verschiedene Haltungen annehmen:

- Arme nach unten gestreckt (die Handflächen zeigen in Richtung Körper, um die Schulterblätter zu fixieren).
- Arme horizontal vorgestreckt.
- Arme in Seithalte.
- Arme in Hochhalte (schwerste Form des High Kicks).

Die schwerste Variante des High Kicks soll aber erst trainiert werden, wenn die Grundformen (Tief- und Vorhalte) mit guter Technik ausführbar sind. Grund dafür ist eine erhöhte Anforderung an die Oberkörper- und Mittelkörperspannung, die zu Technikverlusten führt. Sinnvoll ist eine Vorbereitung der Kicks über Knee Lift, um den Bewegungsrhythmus zu schulen. Später sollte ein Kick über 45° und 90° folgen. Erst bei guter technischer Ausführung darf das Spielbein weiter gespreizt werden.

4.7.3 Spezielle Techniken

4.7.3.1 Gescherter Kick und seine Variation
• *Gescherter Kick*
Beim gescherten Kick werden nach einem einbeinigen Absprung zwei High Kicks während einer Flugphase nacheinander ausgeführt. Beide Beine werden gestreckt angehoben. Das zweite Bein beginnt die Bewegung, wenn das erste Bein die Waagerechte erreicht hat. Die beiden gestreckten Beine kreuzen sich in der Luft. Das zweite Bein muss in der Endposition mindestens schulterhoch sein. Zu dieser Zeit muss sich das erste Bein noch in der Luft befinden. Die Landung erfolgt auf dem ersten Bein.

Foto 65: Gescherter Kick

• *Hockscherkick*
Der Hockscherkick unterscheidet sich vom gescherten Kick nur durch den Ansatz des ersten Beins. Dieses wird im Hüft- und Kniegelenk gebeugt. Das zweite Bein führt einen High Kick mit gestrecktem Beinansatz aus. Die Landung erfolgt auf dem ersten Bein.

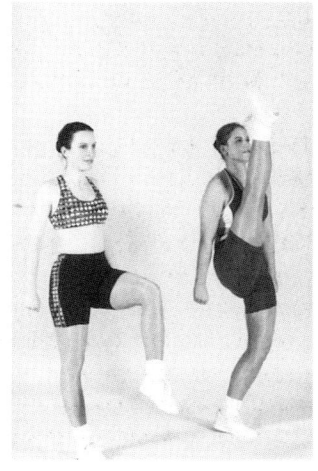

Foto 66: Hockscherkick

Foto 67, 68, 69:
Kreiskick

4.7.3.2 Kreiskick und seine Variationen

• *Kreiskick*

Der Kreiskick ist der einzige Kick, bei dem das Standbein die gesamte Zeit den Boden nicht verlässt. Die Anfangsposition ist der Schlussstand. Es erfolgt ein vollständiger Kreis eines Beines in der Frontalebene. Die Anfangs- und Endposition ist identisch, um einen 360°-Kreis zu gewährleisten.

• *Doppelkreiskick*

Der Doppelkreiskick ist ein Kick mit nacheinander ausgeführten Beinkreisen beider Beine. Dabei führt das führende Bein einen Kreis über innen nach außen und das zweite eine Bewegung von außen nach innen aus. Beide Kreise müssen vollständig (360°) sein. Im Unterschied zum Kreiskick wird der doppelte Kreiskick gesprungen. Der Absprung erfolgt einbeinig (nicht-führendes Bein). Die Bewegung des zweiten Beines setzt ein, wenn das erste Bein seinen höchsten Punkt erreicht hat. Der Doppelkreiskick kann aus dem Stand – ohne Drehung des Kör-

pers in der Luft – oder aus einer Drehbewegung mit 1/2 Drehung in der Luft während des Kicks ausgeführt werden. Bei der Version mit Drehung in der Luft wird das erste Bein über vorn nach oben angehoben. Kurz vor Erreichen des höchsten Punktes des Kreises absolviert der Körper eine 1/4 Drehung. Nachdem auch das zweite Bein den höchsten Punkt erreicht hat, wird die Drehung vollendet. Das Bein wird dabei über vorn gesenkt.

Foto 70, 71, 72

4.7.3.3 Rückwärtskick und seine Variationen

Der Rückwärtskick ist der einzige beidbeinig abgesprungene Kick. Der Kick besteht aus zwei unabhängigen Phasen in der Luft. Zuerst wird ein Hocksprung ausgeführt, bei dem sich beide Oberschenkel zur gleichen Zeit (mindestens) in der Horizontalen befinden. Danach erfolgt ein horizontaler Rückwärtskick mit einem Bein. Das andere Bein bleibt in seiner Stellung, sodass die zweite Phase eine Rehstellung oder Halbspagat zeigt. Der Spreizwinkel muss 180° betragen. Die Landung erfolgt auf dem Bein, welches in der Hockstellung gehalten wurde. Das

Kickbein bleibt weiter in der arabesque-Haltung. Eine Variante ist die Landung in der Liegestützposition. Nach Erreichen der Rehposition wird das vordere gehockte Bein zum gestreckten Bein bewegt und der Oberkörper abgesenkt. Hände und Füße landen gleichzeitig.

Variationen des Rückwärtskicks sind möglich durch:
- Integration einer halben oder ganzen Drehung
- Einer Landung im Liegestütz.

4.8 Verbotene Elemente

In der Aerobic gibt es Bewegungen, die verboten bzw. nicht erwünscht sind. Sie werden als nicht aerobictypisch bezeichnet. Im Wettkampf gezeigt, werden sie mit Punktabzügen bestraft. Schon beim Erstellen einer Choreografie sollten sie daher vermieden werden. Um die Aerobic als eigenständig zu klassifizieren, handelt es sich bei einer Reihe von verbotenen Bewegungen um Elemente, die ihren Ursprung in einer anderen Sportart haben.

Dies sind insbesondere folgende Sportarten:
- Gerätturnen, Rhythmische Sportgymnastik, Sportakrobatik, einige Bereiche des Kampfsports und bestimmte Bereiche des Tanzes.

Typisch für das Gerätturnen sind Drehungen um die Breitenachse. Breitenachsendrehungen sind in der Aerobic verboten. Damit sind zum einen alle Formen von Rollbewegungen am Boden und in der Luft (Salti), zum anderen aber auch alle Formen eines Handstandes und handstandähnliche (alle Formen eines Handstandes mit einer Abweichung bis 45° von der Senkrechten) Positionen einschließlich aller Handstützüberschläge gemeint.
  Eine Ausnahme gilt jedoch für Hebefiguren als Schlussbewegung einer Aerobic-Kür. Hier ist sind Breitenachsendrehungen erlaubt, solange die Person, welche die eigentlich verbotene Bewegung zeigt, bis zum letzten Ton der Musik den Boden nicht berührt.

Für die Rhythmische Sportgymnastik sind hauptsächlich die Hyperextensionen der Wirbelsäule typisch. Sie sind in der Aerobic verboten. Rückbeugen, speziell in der LWS, dürfen weder bei Sprüngen noch bei Ständen gezeigt werden. Es gibt keine Ausnahme für Hebefiguren.

Mögliche problematische Elemente aus dem Bereich des Kampfsportes sind die Kicks. Unproblematisch ist die Ausführung von Kicks – auch wenn sie ihren Ursprung im Kampfsport haben – wenn das Spielbein im Kniegelenk kontrolliert abgebremst wird. Eine Fixierung der Hüfte während der Ausführung des Kicks ist zusätzlich notwendig.

In Abgrenzung zu anderen Sportarten gibt es in der Aerobic keine Längenachsendrehungen über 720°. Sie sind aerobicuntypisch und damit verboten.

Foto 73: Handstand
Foto 74: Rückbeuge

5 Choreografie

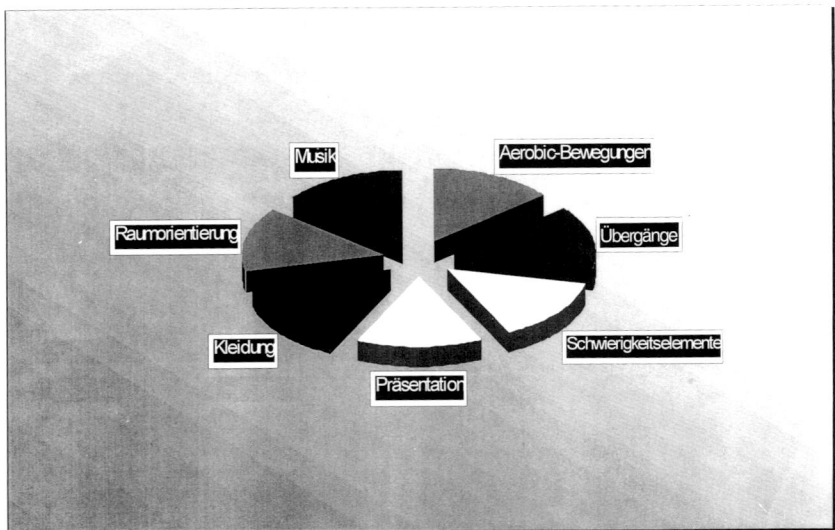

5.1 Was versteht man unter Choreografie?

Abb. 27

Choreografie kann in der Aerobic als Umsetzung einer Idee in eine sportliche Form mit den Komponenten Bewegung, Präsentation, Musik, Raumorientierung und Bekleidung definiert werden.

Eine gute Choreografie ist genauso wichtig wie eine gute Technik bei Schwierigkeitselementen und Aerobic-Schritten. Eine gute Choreografie zeichnet sich aus durch:

- Aerobic als Basis- und Grundbewegung
- Umsetzung der Musik
- Präsentationsreicher Vortrag
- Originalität
- Raumausnutzung.

Die Grundlage der Choreografie besteht aus Aerobic-Grundschritten, deren Variationen und Übergängen, die zu einer interessanten, sportarttypischen Kombination zusammengeführt werden. Jede Choreografie sollte sich von anderen unterscheiden und im Gedächtnis bleiben. Alle Komponenten der Choreografie, besonders aber alle Bewegungen, Übergänge und Posen müssen den Charakter der Sport-Aerobic darstellen.

5.2 Aerobicspezifischer Inhalt

5.2.1 Charakteristik aerobictypischer Bewegungen

Entscheidend für die Definition „aerobictypisch" ist die Ausführung der Bewegungen. Merkmale sind dynamische, rhythmische, kontinuierliche und präzise Bewegungen. Unter Präzision versteht man die Genauigkeit und Klarheit von Bewegungen. Jede Bewegung, die den Kriterien der Aerobic entspricht, hat

- einen klaren Bewegungsanfang und
- ein klares Bewegungsende.

Die Bewegungen sollten mit der größtmöglichen Bewegungsweite ausgeführt werden. Sie müssen eine perfekte Kontrolle der Bewegungsrichtung und ein kontrolliertes Abbremsen der Bewegung (Verringerung der Geschwindigkeit) ermöglichen.

Beliebt sind in Aerobic-Übungen auch tänzerische Bewegungen. Der Übergang aerobictypischer Bewegungen mit tänzerischem Anteil zu aerobicuntypischen Bewegungen ist sehr fließend.

Die Bewegungen sind jedoch dann als aerobicuntypisch anzusehen, wenn sie den Grundmerkmalen nicht mehr entsprechen. Lateinamerikanische Stilrichtungen wie Latin, Salsa, Merengue können also je nach Ausführung zu einem (aerobicuntypischen) Tanzstil oder zu aerobictypischen Bewegungen gehören. Hip-Hop ist grundsätzlich als Aerobic-Stil gekennzeichnet.

Dennoch gibt es auch im Hip-Hop eine Vielzahl von Bewegungen, die nicht mit der Definition aerobictypischer Bewegungen übereinstimmen. Sie sind dann erlaubt, wenn exakte Körperhaltung gezeigt sind. Wählt man einen bestimmten Stil aus, sollte die Musik durch den Tanzstil und den dazugehörigen Lebensstil (way of style) umgesetzt werden. Alle Bewegungen müssen jedoch aerobictypisch ausgeführt werden.

Variationen, die in ihrer Grundform aus dem Tanz kommen, jedoch eine korrekte Körperhaltung aufweisen, werden in der Sport-Aerobic als interessant und wünschenswert eingestuft. Sie sollten aber nur vereinzelt als Kontrast gezeigt werden. Eine gute Vorbereitung der verschiedenen aerobictypischen Bewegungen, der verschiedenen Aerobic-Stile und dessen Variationen sind am besten durch Aerobic-Kurse erreichbar.

5.2.2 Grundhaltungen

Körperhaltung:
Eine optimale Körperhaltung zeichnet sich durch senkrecht übereinander stehende Fuß-, Knie-, Hüft- und Schultergelenke aus. Das Becken ist aufgerichtet. Dies erfordert eine ausgewogen ausgeprägte Bauch- und Rückenmuskulatur.

Füße:
Bei allen High- und Low-Impact-Bewegungen inklusive aller Elemente werden die Füße beim Auftreffen auf den Boden von der Fußspitze bis zur Ferse abgerollt. Beim Absprung/Abdruck dagegen verlässt die Ferse zuerst den Boden.

Knie:
Im Wettkampfbereich sollen die Knie im Stand gestreckt sein. Eine deutlich sichtbare Überstreckung ist zu vermeiden. Vor allem bei Elementen mit Flugphase, bei statischen Kraftelementen und bei unbelasteten Beinpositionen können die Knie vollständig gespannt sein (bei „Säbelbeinen" daher eigentlich leicht überstreckt).

Ellbogen:
Im Ellbogengelenk darf weder bei Armbewegungen noch bei Elementen eine Überstreckung erfolgen. Besonders wichtig ist dies für die Ausführung von Liegestützformen. Die Bewegung in der Streckphase endet kurz vor der völligen Streckung. In dieser Phase ist weiterhin eine Spannung in der Arm- und Schultermuskulatur notwendig.

Hände:
Die typische Handstellung in der Aerobic zeichnet sich durch eine Verlängerung des Unterarmes durch den Handrücken aus. Die Finger sind während aller Variationen angespannt.

Typische Handstellungen:

Foto 75: Verschiedene Handstellungen: v.u.n.o.:
- Klassische Handstellung
- Faust
- Lange Hand
- Offene Hand/Finger
- Kralle.

Folgende Stützformen auf den Händen sind möglich:

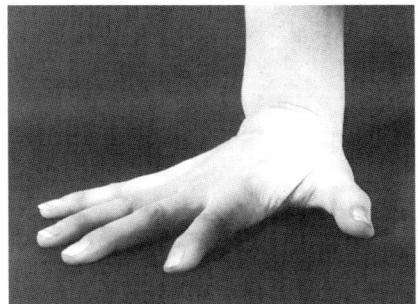

Foto 76: ganze Hand

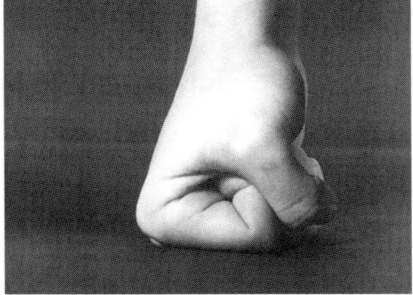

Foto 77: Faust

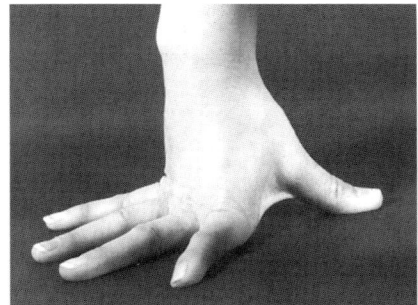

Foto 78: Finger

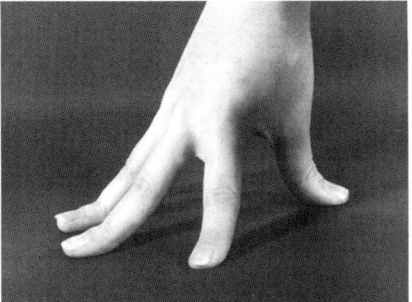

Foto 79: Fingerspitzen

Wirbelsäule:
Die natürliche S-Form der Wirbelsäule muss bei allen Aerobic-Bewegungen erhalten bleiben. Sowohl Überstreckungen als auch unterschiedliche Ausprägungen eines Rundrückens sollen vermieden werden. Die Schulterblätter sind fixiert. Diese Haltung ist während der ganzen Übung, also auch bei der Ausführung aller Schwierigkeitselemente, zu zeigen.

Kopf:
Überstreckungen der Halswirbelsäule sind zu unterlassen. Insoweit sind nur horizontale Bewegungen und in begrenztem Umfang ein Kopfnicken (vertikal) möglich.

5.2.3 Vielfalt der Bewegungen einer Aerobic-Kür

5.2.3.1 Beinbewegungen

Aerobictypische Schritte sind unabhängig von der Leistungsfähigkeit des Wettkämpfers (Breiten- oder Leistungssport) oder der Kategorie (Einzel oder Team)
die Grundlage jeder Aerobic-Choreografie.

Die Beinarbeit wird in:

- Grundschritte (Basic Steps) und deren
- Variationen

eingeteilt.

Grundschritt	Technische Beschreibung
1. March	• Jeder Schritt wird über die Fußspitze bis zur Ferse abgerollt. • Beide Kniegelenke sind immer leicht gebeugt. • Das Spielbein ist stärker gebeugt als das belastete Bein. • Der Oberkörper ist ruhig.
2. Jog	• Während des Laufens ist eine Linie von der Hüfte bis zum Knie sichtbar. Der Oberschenkel ist senk-recht und der Unterschenkel waagerecht. • Ausnahme: Bei Fortbewegung muss das Knie nach vorn gezogen werden, um in die Vorwärts-bewegung zu gelangen. • Jedes Aufsetzen des Fußes endet mit einem Abrollen bis zur Ferse.
3. Skip	• Skipping gliedert sich in zwei Phasen: zuerst 1/2 Jogging (Oberschenkel senkrecht, Unterschenkel waagerecht), danach wird das Knie kontrolliert gestreckt. Der Oberschenkel ist ca. 45° vor dem Körper. • Der Oberkörper ist aufrecht.
4. Knee Lift	• Der Hüft- und Kniewinkel des Spielbeines beträgt im höchsten Punkt jeweils 90°.

	• Der Fuß des Spielbeines kann gestreckt oder angezogen sein. (Fußhaltung ist immer unter Spannung.) • Das Standbein ist leicht gebeugt oder gespannt gestreckt. • Der Oberkörper ist aufrecht.
5. High Kick	• Gestreckter Beinansatz des Spielbeines nach vorne oder zur Seite. Die Bewegung kommt ausschließlich aus der Hüfte. • Ziel ist eine größtmögliche Bewegungsweite, bei der die Bewegung noch kontrolliert ausgeführt werden kann. • Das Standbein ist bei Bodenkontakt minimal gebeugt. • Der High Kick wird immer im High-Impact ausgeführt. • Der Oberkörper bleibt während der gesamten Bewegung aufrecht.
6. Jumping Jack	• In der geschlossenen Phase sind die Füße parallel. Die Knie sind gespannt gestreckt. • In der geöffneten Phase werden die Füße auswärts gedreht. • Die Öffnung der Beine erfolgt so weit, dass die Kniegelenke beim Abfedern durch ihre Beugung maximal senkrecht über den Fußspitzen stehen. Der Kniewinkel ist größer 90°, die Knie sind jedoch deutlich gebeugt. • Jede Landung erfolgt durch Abrollen der Füße bis zur Ferse. • Der Oberkörper ist aufrecht und ruhig.
7. Lunge	• Der Lunge ist definiert als ausfallähnliche Position.

- Die Ferse des Spielbeines ist weit vom Boden entfernt.
- Das Gewicht befindet sich immer zwischen den Füßen (wenn das nicht der Fall ist, ist es kein Lunge mehr, sondern ein Toe Tap).
- Das ausfallende Bein ist fast gestreckt. Der Lunge ist ein Low- und High-Impact-Schritt.
- Das Spielbein kann nach hinten oder diagonal nachgesetzt werden.
- Der Oberkörper ist in Verlängerung des Spielbeines leicht nach vorn geneigt.

Es gibt eine weitere Version des Lunges, bei der das Bein zum Ausfall nach vorn gesetzt wird. Beide Beine werden gebeugt. Der Oberkörper ist aufrecht. Das Gewicht ist in der Mitte zentriert, d.h. das vordere Knie bleibt während der Beugephase hinter der Fußspitze.

Aus diesen sieben Grundschritten können durch Kombinationen sehr viele Schritte weiterentwickelt werden Bsp.: Grapevine, Straddle, Mambo ...

Die Kriterien für die Grundschritte bleiben bestehen und sind auf alle anderen Schritte anwendbar. Da die Grundlage jeder Choreografie aus den Grundschritten bzw. deren Variationen besteht, ist das Training der korrekten Grundschritte für alle Leistungsstufen sehr wichtig. Ein Training kann effektiv in Form eines Kurses als Techniktraining erfolgen.

Dabei sollen die Schritte so lange trainiert werden, bis auch ein konditioneller Aspekt gewährleistet ist. Ist der Ermüdungsgrad so groß, dass die Grundschritte nicht mehr mit der Grundtechnik und Grundspannung ausführbar sind, muss der Schritt gewechselt werden.

Es empfiehlt sich, in dem Fall nach Schritten zu suchen, die weniger intensiv sind (V-Step, Jog, Step Touch ...).

Variationen sind möglich durch:
- Kombinationen von Low- und High-Impact.
- Kombinationen von Grundschritten in der kompletten Ausführung oder nur teilweisen Demonstration.
- Veränderung der Bewegungsweite.
- Veränderung der Bewegungsgeschwindigkeit.
- Veränderung der Bewegungsrichtung.

Eine gute Choreografie weist auch eine große Bewegungsvielfalt auf. Dieses Prinzip bezieht sich auf alle Bewegungen während einer Übung, also auch auf die Grundschritte. Das bedeutet jedoch nicht, dass die Grundschritte und ihre verschiedenen Variationen jeweils nur ein einziges Mal in der Übung verwendet werden dürfen. Identische Kombinationen sind zu vermeiden.

Beispielsweise ist das Zeigen eines Jumping Jacks mehrmalig möglich, nur sollten die Übergänge vor und nach dem Jumping Jack und/oder der Armeinsatz variiert werden.

5.2.3.2 Armbewegungen
Aerobictypische Armbewegungen müssen folgende Voraussetzungen erfüllen:
- Klarer Anfang und klares Ende jeder Bewegung.
- Einhaltung von Ebenen.
- Dynamische Bewegungen, d.h. keine starren, lang gehaltenen Posen.

Es gibt drei Arten von Armbewegungen, die in der Aerobic gezeigt werden:
- Kraftvolle Armbewegungen und kraftvolle kleine Posen.
- Sehr schnelle Bewegungen mit hohem Krafteinsatz.
- Kreisförmige, relativ fließende Bewegungen, die dennoch mit sichtbarem Krafteinsatz ausgeführt werden. Diese sollen jedoch die kraftvollen und schnellen Armbewegungen nur auflockern. Sie sind eigentlich gymnastische Armbewegungen und spielen in der Aerobic daher nur eine untergeordnete Rolle!

Gute Choreografien zeichnen sich dadurch aus, dass innerhalb kürzester Zeit verschiedene Armstile gezeigt werden. Durch die Abwechslung zwischen verschiedenen Armstilen wird der Bewegungsrhythmus trotz des gleich bleibenden Musikrhythmus variiert. Diese Kopplung verlangt hohe koordinative und konditionelle Fähigkeiten. Auch hier sollte eine leichtere, saubere Ausführung den Vorrang erhalten.

Weitere Variationen sind möglich durch:
- Verwendung unterschiedlicher Hebel (lang und kurz)
- Verwendung unterschiedlicher Bewegungsweiten
- Verwendung verschiedener Ebenen.

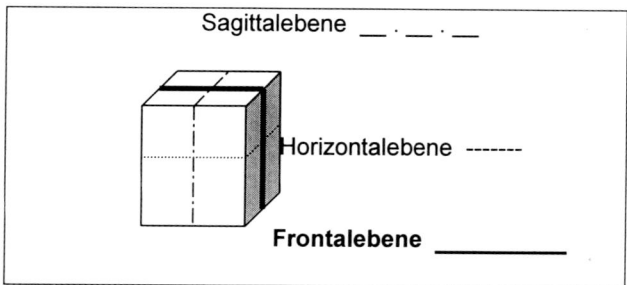

Abb. 28

5.2.3.3 Anforderungen an die Komplexität von Bewegungen einer Aerobic-Kür

Durch die kombinierten Bewegungen von Armen und Beinen steigt der koordinative Anspruch. Eine gute Choreografie weist durchgängig eine hohe Koordination auf. Dies kann durch folgende Kriterien geschehen:
- Eine hohe Anzahl von Körperteilen (wie Kopf, Oberarm, Unterarm, Oberkörper, Hände oder Füße) ist immer in Bewegung. Die Nichtbeteiligung von Körperteilen (passive Bewegungen) ist weder koordinativ anspruchsvoll noch aerobictypisch. Dies schließt aber einen kurzfristigen aktiven Halt nicht aus.

- Die gleichzeitige Bewegung von Armen und/oder Beinen sollte in verschiedenen Ebenen erfolgen.

Beispiele:

Eine Ebene
Jumping Jack und Armbewegung in der frontalen Ebene.
High Kick und Armbewegung in der sagittalen Ebene.

Zwei Ebenen
Knee Lift vorwärts und Armbewegungen von oben zur Seite in der frontalen Ebene.

- Die gleichzeitigen Bewegungen von Armen, von Beinen oder von Armen und Beinen sollten in verschiedenen Variationen erfolgen.

Beispiele:
- Ein Arm ist gebeugt und die Hand gespreizt. Der andere Arme ist gestreckt und die Hand zur Faust geballt. Kick mit gestreckter Fußspitze, Armbewegung ist parallel zum Bein, die Hand aber ist aufgestellt.
- Drehungen um die Längsachse sind ein weiteres Mittel, um koordinativ anspruchsvoll zu arbeiten. Drehungen sollen sowohl Bestandteil von Aerobic-Schrittkombinationen als auch von Elementen und Übergängen sein. Sie können einen unterschiedlichen Drehgrad aufweisen (45°, 90°, 180°, 360°, 540°, 720°).

5.2.3.4 Interaktionen und Hebefiguren

Hierunter werden Bewegungen verstanden, die nur von mehreren Sportlern gemeinsam ausgeführt werden können. Diese Besonderheit bei Paaren, Trios und Teams sollte auch ausgenutzt werden, da gut integrierte Partnerarbeit eine Aerobic-Kürübung sehr interessant erscheinen lässt und diese lebendig macht. Der Kontakt kann durch das gemeinsame Ausführen von Bewegungen mit Körperkontakt bspw. durch das Anfassen an Händen oder an der Taille – oder durch den Augenkontakt zwischen den Wettkämpfern stattfinden. Gute Übungen auf internationalem Niveau zeichnen sich insbesondere durch ein hohes Maß an Interaktionen der Sportler eines Teams aus.

Foto 80, 81:
Beispiele für Interaktionen

Im weiteren Sinn können unter Teamwork auch die verschiedenen Formationen und Positionswechsel innerhalb einer Formation verstanden werden.

Hebefiguren

Eine spezielle und teilweise sehr spektakuläre Art von Partnerarbeit stellt das Zeigen von Hebefiguren dar. Diese müssen in die Choreografie gut integriert werden. Unter einer gelungenen Integration versteht man den Auf- und Abbau der Hebefiguren ohne längere Unterbrechungen. Bei einer Hebefigur wird der Körper eines oder mehrerer Wettkämpfer komplett vom Boden abgehoben. Wird dagegen das Körpergewicht nur von einem Partner oder mehreren Partnern unterstützt, der Obermann hat aber noch selbst Bodenkontakt, spricht man nicht von einer Hebefigur. Der „Untermann" kann dabei mit den Füßen oder mit anderen Körperteilen Bodenkontakt haben.

Foto 82, 83: Beispiele für Hebefiguren

Zu beachten sind auch die aerobicunspezifischen Bewegungen bzw. verbotenen Elemente während einer Hebefigur und die diesbezüglichen Wertungsvorschriften. Werden in einer Übung mehrere Hebefiguren gezeigt, sollten alle oder mehrere Wettkämpfer sowohl als Untermann als auch als Obermann fungieren.

5.2.3.5 Übergänge

Unter Übergängen versteht man sowohl die Verbindung von Bewegungen und Bewegungskombinationen als auch den Wechsel von Ebenen. Ableitend daraus ist auch die Verbindung zwischen Schwierigkeitselementen definiert. Aerobictypisch ist die Integration von Schwierigkeitselementen in die Aerobic-Choreografie, wenn weder der Zuschauer noch der Kampfrichter Schwierigkeitselemente vorhersehen können. Aus diesem Grund ist die Aneinanderreihung von vielen Schwierigkeitselementen hintereinander ohne Verbindungselemente als nicht aerobictypisch anzusehen und zu vermeiden.

Übergänge aller Art sollen dynamisch und flüssig sein sowie natürlich erscheinen. In diesem Kriterium kann für verschiedene Altersklassen und Kategorien ein unterschiedliches Anspruchsniveau geltend gemacht werden:

- Das Aneinanderreihen von verschiedenen Grundschritten oder ihren Variationen durch die Grundstellung stellt einen aerobictypischen Übergang dar. *Bsp.:*

Beat 1	Jumping Jack, Beine öffnen	Beat 2	Beine schließen
Beat 3	Lunge, Beine öffnen	Beat 4	Beine schließen
Beat 5	V-Step	Beat 6	V-Step
Beat 7	V-Step	Beat 8	Füße schließen

- Bei Wettkämpfern auf internationalem Niveau ist der Übergang durch die Grundstellung nicht mehr häufig zu sehen. Je weniger diese genutzt wird, umso harmonischer, fließender und dynamischer sind die Übergänge und desto höher ist das Leistungsniveau. Erwünscht ist hier eine Aneinanderreihung von Bewegungen, bei denen nur die Hauptphase erkennbar ist. *Bsp.:*

Beat 1	Knee Lift	Beat 2	Lunge, Beine offen
Beat 3	High Kick	Beat 4	Beine schließen

Übergänge zwischen verschiedenen Ebenen
Es gibt drei Ebenen:
- Bodenarbeit – statische Kraftelemente, Beweglichkeit, Kniestände, Bodenlage ...
- Stand – alle Aerobic-Grundschritte und deren Variationen, Gleichgewichtselemente ...
- Luft – alle Sprünge.

Zwischen den einzelnen Ebenen sollte kein Übergewicht vorherrschen. Dies bedeutet, dass Aerobic-Choreografien mit sehr viel Bodenarbeit (statische bzw. dynamische Kraftelemente und Beweglichkeitselemente) weder aerobictypisch noch dynamisch und interessant sind. Der Anteil der Ebenen hängt vom Niveau der Wettkämpfer ab. Die Angabe von allgemein gültigen Prozentzahlen ist daher nicht sinnvoll. Eine hohe Anzahl von Sprüngen bringt Dynamik und Explosivität in die Choreografie, sie sind jedoch nur bei gutem konditionellen Zustand aller Sportler einer Kategorie möglich. Bei einer interessanten Choreografie wird – bei Vermeidung eines Übergewichts – zwischen den verschiedenen Ebenen häufig gewechselt.

Dauert die Arbeit in einer Ebene zu lange, können folgende Probleme auftreten:
- Bei reinen Aerobic-Bewegungskombinationen (im Standverhalten) – ohne Sprünge – sinkt die Intensität (Problem vor allem bei Einzelstartern bis Trios) und die Übung wird eintönig. Eine Ausnahme bilden sehr interessante und neue Schrittkombinationen, eine sehr individuelle Präsentation und/oder Musikinterpretation.
- Bei sehr langen Bodenteilen werden zu viele Elemente oder zu viele Übergänge aneinander gereiht. Die Choreografie wird meist aerobicuntypisch. Die Auswahl der Übergänge in die Bodenlage sollte gut durchdacht werden, da die Intensität dadurch oftmals sinkt. Die Übung ist insgesamt nicht so abwechslungsreich und wirkt statisch.

Die Übergänge zwischen den verschiedenen Ebenen sollten während einer Übung nicht in identischer Weise wiederholt werden. Durch die Integration von verschiedenen Arm- und Oberkörperbewegungen bzw. Drehungen sind die Übergänge variantenreich. Übergänge in die Bodenlage können über Sprünge in den Liegestütz, Grätschsitz, Quer- oder Seitspagat erfolgen. Diese Übergänge wirken sehr dynamisch. Jedoch sollten nicht alle Wechsel der Ebenen durch Sprünge – wenn auch verschiedene – in die Bodenlage erfolgen.

Verschiedene Variationen über Kniestand, Lunge oder Spagatformen müssen gezeigt werden, um Wiederholungen zu vermeiden. Übergänge von der Bodenlage in den Stand können aus dem Streck- oder Grätschsitz, Quer- oder Seitspagat und dem Liegestütz erfolgen.

Hierbei gibt es einige Übergänge, die auch als Schwierigkeitselemente anerkannt werden. Explosive Übergänge aus der Bodenlage in den Kniestand, Hockstand, Einbeinstand oder Lunge sind möglich, erfordern aber einen hohen Kraftaufwand. Von daher sind das Aufstehen über den Kniestand, Hockstand, Lunge und deren verschiedenen Variationen ohne explosiven Charakter die meist gezeigten Formen.

5.2.3.6 Aerobicuntypische Bewegungen

Aerobic ist verwandt mit anderen Sportarten. Es haben sich viele Bewegungen aus anderen Sportarten integriert. Um sich als Wettkampfsportart jedoch eindeutig abzugrenzen, sind typische Bewegungen aus dem Tanz, aus dem Gymnastik- und Turnbereich und dem Kampfsport unerwünscht. Verbotene Bewegungen sind natürlich auch aerobicuntypische Bewegungen.

Typisch für die Aerobic ist die natürliche Haltung der Wirbelsäule. Daher sind alle Hyperextensionen (größerer Bewegungsradius der Gelenke als bei natürlichen Bewegungen) als aerobicuntypisch anzusehen. Eine Hyperextension der Wirbelsäule wird umso stärker bestraft, je größer die Gefahr der Verletzungen ist. Bsp.: Hohlkreuz bei Low-Impact, Hohlkreuz bei Landungen im Stand nach Sprüngen, Hohlkreuz bei Landungen im Liegestütz aufgrund ungenügender Beugung der Arme.

5.3 Musik in der Aerobic

5.3.1 Bedeutung der Musik für die Aerobic

Die Musik ist eine der Hauptkomponenten für die Aerobic-Choreografie. Noch größere Bedeutung als für die Bewertung hat die Musik als Eindruck für die Zuschauer und sie ist als Motivationseffekt für den Sportler verantwortlich.

5.3.2 Grundbegriffe

Die meisten Aerobic-Musiken im Fitness- und Wettkampfbereich bestehen aus 4/4-Takten. Ein Takt besteht demnach aus vier Viertelnoten. Jede dieser Noten wird in der Musik als Zähleinheit oder Count definiert.

In der Aerobic ist die Anzahl der Schläge in einem Takt doppelt so hoch – man spricht von „Doubletime-Feel". Jeden dieser Schläge nennt man Beat. Ein Beat hat nach dieser Definition die Länge einer Achtelnote.

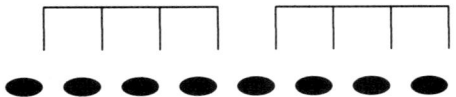

Ein Takt besteht daher aus acht Achtelnoten. Acht Beats bestimmen eine Phrase. Daher kann die Phrase mit einem 4/4-Takt gleichgesetzt werden. In der Aerobic wird die Musik grundsätzlich nach Beats gezählt. Die Musikangaben in der Aerobic erfolgen immer in Beats pro Minute (bpm). Ein Musikbogen besteht aus vier Phrasen, also 32 Beats. In der Fitnessbranche ist ein Ausnutzen der Musikbögen notwendig und sinnvoll. Entscheidend für den Aufbau einer Aerobic-Stunde ist die erste Eins des Musikbogens. Diese nennt man in der Fachsprache die große Eins. Benutzt der Wettkämpfer eine aerobictypische Musik, sind die Variationen oft innerhalb eines Musikstückes gering.

In diesem Fall können auch Teile von Musikbögen unproblematisch hintereinander geschnitten werden. Je höher das Leistungsniveau der Sportler ist, desto öfter sollten bewusste Brüche (keine vollständigen Phrasen) in der Musik genutzt werden. Durch dieses Mittel können Aerobic-Übungen vielfältig und interessant gestaltet werden.

Bei Musiken im 4/4-Takt gibt es verschiedene Betonungen:
- Down Beat
- Up Beat
- Off Beat

Betonung																
Down Beat	1				3				5				7			
Off Beat		+		+		+		+		+		+		+		+
Up Beat			2				4				6				8	

Bei aerobictypischer Musik wird hauptsächlich der Down Beat verwendet. Die Betonung beim Down Beat liegt auf den ungeraden Beats: Der erste Beat wird am meisten betont, der fünfte Beat betont und der dritte und siebte Beat leicht hervorgehoben. Dagegen sind die Beats 2, 4, 6, 8 (Up Beat) weniger betont. Beim Off Beat liegt die Betonung zwischen den einzelnen Beats.

Rhythmus

Unter Rhythmus versteht man die Relation der verschiedenen Notenlängen innerhalb eines Taktes. Beim o.g. Beispiel bestimmen acht Beats mit gleicher Länge den Rhythmus. Ein Rhythmuswechsel besteht demnach aus erkennbaren verschiedenen Relationen innerhalb eines bestimmten Zeitraumes.

Beispiel:

1	und	2		3		4		5	und	6		7		8	
1	und	2	und	3		4		5	und	6	und	7		8	
1		2		3	und	4		5		6		7	und	8	
1		2		3	und	4	und	5		6		7	und	8	und

5.3.3 Stil und Thema der Musik

Der Stil der Musik muss mit der Art der Bewegungen übereinstimmen. Die Musikauswahl sollte auf den Sportler abgestimmt werden, da der Stil der Bewegungen nur sehr langfristig zu verändern ist. Die Musik sollte die Persönlichkeit des Sportlers darstellen und diesem so gut gefallen, dass er sie mit Überzeugung und Ausdruck präsentieren kann. Eine Musik, die dem Wettkämpfer nicht gefällt, kann nur in seltenen Fällen durch seine Bewegungen, durch den Ausdruck seines Körpers und die Präsentation umgesetzt werden. Wenn eine thematische Musik gewählt worden ist, muss das Thema auch durch den Sportler durchgängig umgesetzt werden.

5.3.4 Musikauswahl

Eine für die Aerobic optimale Musik besitzt neben einem starken Rhythmus auch mehrere Akzente und Rhythmuswechsel. Diese sollten in den verschiedenen Bewegungen variationsreich umgesetzt werden können. Da die Musik in Bewegung umgesetzt werden soll, muss sie Variationen besitzen. Um Variationen zu erreichen, sind ein oder mehrere Musikstücke möglich. Die Übergänge bzw. Schnitte der Musik müssen aufeinander abgestimmt sein. Wenn die Musik zu wenig Variationen bzw. Akzente besitzt, kann dies durch den Einsatz von stimmigen Soundeffekten (teilweise) ausgeglichen werden. Es dürfen jedoch nicht zu viele Soundeffekte eingesetzt werden, um die eigentliche Musik nicht zu übertönen. Höhepunkte der Choreografie müssen auch durch die Musik unterstützt werden. Besondere Akzente in der Musik sollen genutzt werden. Kombinationen müssen mit der Struktur der Musik verbunden sein. Anfang und Ende einer Bewegungskombination und einer musikalischen Phrase oder eines Melodiebogens sollen übereinstimmen. Verschiedene musikalische Spannungen können durch Differenzierung von Krafteinsatz und Bewegungsweite umgesetzt werden. Die Aufnahme der Musik muss von guter Qualität sein.

Diese Kriterien müssen in die Musikanalyse aufgenommen werden, um zu entscheiden, ob ein Musikstück für die Wettkampfsport geeignet ist. Daneben gibt es noch eine Reihe persönlicher Kriterien.

5.3.5 Geschwindigkeit

Die Musik kann umso schneller sein, je besser die konditionellen Voraussetzungen sind. Ist die Musik zu langsam, werden die Bewegungen auch sehr langsam – es fehlt an Explosivität. Sind die Bewegungen zu klein und technisch unsauber, ist die Musikgeschwindigkeit zu hoch und kann noch nicht vom Sportler in Bewegung umgesetzt werden. In einer Übung sollten sowohl Bewegungen mit hoher Bewegungsweite als auch mit hoher Frequenz gezeigt werden.

Daher ist bei der Auswahl der Musik ein „Kompromiss" von beiden Aspekten oder/ und verschiedene Schnelligkeiten der Musik möglich und sinnvoll.

Eine Übung besteht aus durchschnittlich 30-40 Phrasen bei einer Musiklänge von 1:40-2:00 min und ca. 150-160 bpm. Eine Musikgeschwindigkeit über 160 bpm ist wenig sinnvoll, da die Bewegungsweite erheblich vermindert werden muss.

5.3.6 Soundeffekte

Alle Soundeffekte sollten gut in die Musik integriert werden. Sie müssen sowohl zur Musikstruktur als auch zum Stil der Musik und den dazugehörigen Bewegungen passen. Soundeffekte können an verschiedenen Stellen die Bewegungen unterstützen:

• Schwierigkeitselemente
• Armbewegungen
• Wichtige Posen
• Individuelle Besonderheiten (Bsp.: Betonung der Beweglichkeit/Schnellkraft bei High Kick)
• Besonderheiten der Choreografie.

Die Soundeffekte und die Musik müssen von guter Qualität sein. Für wichtige Wettkämpfe – speziell in großen Hallen – empfiehlt sich eine Bearbeitung der Musik und die Integration von Soundeffekten durch Tonstudios.

5.4 Präsentation

Der Wettkämpfer sollte während seiner Übung das Publikum mit Energie, Enthusiasmus, Technik und Erscheinung fesseln. Grundsätzlich muss während des gesamten Vortrages eine Beziehung zum Publikum bzw. den Kampfrichtern durch Ausstrahlen von Energie im Gesicht und Körper hergestellt werden. Der Sportler soll mit dem Publikum „spielen". Gute Wettkämpfer unterscheiden sich von Anfängern durch das durchgängige Demonstrieren von Selbstbewusstsein und präsentieren dies auch vor den schwierigsten Elementen. Durch die Präsentation sollten einerseits Energie und Dynamik, auf der anderen Seite Spaß und Fröhlichkeit ausdrückt werden. Wurde ein Thema gewählt, ist die Präsentation darauf abzustimmen. Die Umsetzung eines Themas kann aerobicuntypisch sein, wenn es Dramatik oder sehr viel Traurigkeit und Leiden ausdrückt.

Präsentation bedeutet jedoch nicht, dass der Wettkämpfer die gesamte Zeit Augenkontakt zum Publikum und/oder zu den Kampfrichtern haben muss. Beispielsweise kann bei der Ausführung eines Sprunges in den Liegestütz der Kontakt kurzfristig abbrechen, da dies nur mit einer Überstreckung der Halswirbelsäule erreicht werden könnte (Technikfehler).

Jedoch ist sofort nach der Landung der Kontakt wiederherzustellen. In der Aerobic ist neben dem Augenkontakt auch der Gesichtsausdruck von großer Bedeutung. Der Wettkämpfer sollte durchgehend viel Selbstbewusstsein in seinem Gesichtsausdruck präsentieren. Auch während der Vorbereitung höchster Schwierigkeitselemente darf im Gesicht des Sportlers die Konzentration darauf nicht abzulesen sein. Genauso wichtig ist die Körperhaltung des Sportlers. Während der Übung soll eine Körpersprache erkennbar sein. Dabei müssen die Mimik und Gestik mit der Körpersprache harmonieren. Sie sollen für den Zuschauer und Kampfrichter als Einheit erscheinen und müssen daher aufeinander abgestimmt sein. Sehr schwer ist dies für Kategorien mit mehr als einem Sportler.

Alle Sportler haben dann sowohl eine identische Präsentation als auch eine synchrone Ausführung der Elemente und Schritte zu zeigen. Zur Präsentation bei Paaren, Trios und Teams gehören auch Interaktionen. Interaktionen sind Blick-

oder Körperkontakte zwischen den beteiligten Sportlern, die nicht Hebefiguren sind. Solche Interaktionen lassen eine Übung interessant und abwechslungsreich erscheinen.

Das Training der Präsentation muss sehr individuell auf den Sportler abgestimmt werden. Persönlichkeit, Alter und Geschlecht beeinflussen die Art und das Training der Präsentation. Oftmals muss im ersten Schritt die Unsicherheit und Verlegenheit dem Sportler genommen werden. Hierzu eignen sich – vor allem bei Kindern – Rollenspiele und Pantomime. Bei Sportlern im Jugend- und Erwachsenenalter kann die Selbstkontrolle über Spiegel und Video für die Präsentationsschulung mitgenutzt werden. Das Ergebnis muss mit dem Sportler zusammen analysiert werden.

5.5 Inhalte einer Choreografie

5.5.1 Prinzipien

5.5.1.1 Prinzip der Einheitlichkeit der Choreografie

Jede einzelne Kürübung sollte eine individuelle Gestaltungsidee enthalten. Musik und Bewegung müssen perfekt aufeinander abgestimmt sein und miteinander harmonieren. Alle Inhalte einer Choreografie sollen ausgewogen enthalten sein. Alle Bewegungskombinationen sollen so miteinander gekoppelt werden, dass die Choreografie eine geschlossene Komposition beinhaltet.

Es soll ein einheitlicher Stil erkennbar sein, der den Bewegungsstil des Sportlers unterstreicht. Dieser Stil kann durch geschickte Auswahl der Kleidung das Leitthema unterstützen.

5.5.1.2 Prinzip der Kontrastgestaltung

Das Prinzip der Kontrastgestaltung besagt, dass choreografische Effekte umso größer sind, je gegensätzlicher die Gestaltung ist. Kontraste sind beispielsweise:
- Schnelle und langsame Bewegungen
- Fließende und akzentuierte Bewegungen
- Hohe und niedrige Posen (in verschiedenen Ebenen)
- Große und kleine Amplitude
- Bewegung am Ort und in der Fortbewegung (in verschiedenen Richtungen)
- Statik und Dynamik
- Grad der muskulären Anspannung.

Ein plötzliches Halten nach schnellen Bewegungen unterstreicht die Schnellig-keit der vorangegangenen Bewegung. Dieser schnelle Wechsel und die Nutzung der verschiedenen Kontrastmittel erfordert ein erhöhtes Maß an Kondition. An dieser Stelle muss jeder Choreograf abwägen, welche Voraussetzungen seine Sportler haben, um die möglichen Mittel optimal einzusetzen. Auch hier gilt: Lie-ber eine saubere, konditionell gleichmäßig gut durchgestandene Übung als eine mit großen Akzenten und einem konditionellen Abfall in der zweiten Hälfte.

5.5.1.3 Prinzip der Übereinstimmung von Musik und Bewegung

Alle Bewegungen – Schwierigkeitselemente, Aerobic-Schritte, Posen, Übergänge, Hebefiguren – sollen in vollkommener Übereinstimmung mit der Musik konzi-piert und ausgeführt werden. Zu beachten ist hierbei die Umsetzung von:

- Musikphrasen (acht Beats)
- Akzenten durch bewusste Differenzierung von Krafteinsatz
- Melodiebögen
- der Stil der Musik
- Tempowechseln
- Rhythmuswechseln.

Tempovariationen können schon durch das Zeigen identischer Bewegungen er-reicht werden, wenn sich diese durch die Ausführungsgeschwindigkeit unter-scheiden.

Bewegung	Dauer	Beats	Beispiel
1 Bewegung	Zwei Beats	1, 3	Squat
1 Bewegung	Ein Beat	1, 2, 3, 4	March
2 Bewegungen	Ein Beat	1 und 2 und 3	Armbewegung
		und 4 und	
Unter Rhythmusvariation versteht man einen Tempowechsel innerhalb einer Musikphrase.			
3 Bewegungen	Zwei Beats	1 und 2, 3 und 4	Jumping Jack mit Anschlagen

Eine Bewegung auf zwei Beats ist prinzipiell zu langsam und sollte daher nur als Kontrast eingebaut werden. Daher werden für eine Choreografie hauptsächlich die anderen drei Tempo- und Rhythmusvariationen eingesetzt. Erst wenn die

Ausführung der Bewegungen eine gute Qualität aufweist, sollten Tempo- bzw. Rhythmusvariationen eingebaut werden. Für die Variation zwei Bewegungen auf einen Beat ist eine gut ausgebildete Kraft und Schnellkraft der jeweiligen Körperteile Voraussetzung. Ein Tempo- und Rhythmuswechsel wird durch die Bewegungen des gesamten Körpers oder einzelner Körperteile ausgeführt. Eine Änderung des Rhythmus oder der Geschwindigkeit in der Musik ist keine Voraussetzung für Rhythmusvariationen. Interessant wirken kann jedoch auch eine Variation des Musiktempos, bspw: langsamere Beatzahlen zu Beginn oder in der Mitte der Übung. Am Ende der Aerobic-Kür ist dies nicht zu empfehlen, da diese dann viel von ihrer Dynamik verliert. Aber auch eine etwas langsamere/ruhigere Musik muss in einer Choreografie mit genügend hoher Intensität umgesetzt werden. Da dies durch Schnelligkeit nicht möglich ist, ist dies hauptsächlich über die Erhöhung der Bewegungsweite und Elemente mit hohem Maximalkraftanteil zu erreichen. Für gute Choreografien wird daher ein Mix verschiedener Variationen eingesetzt.

5.5.2 Zeitliche Abfolge einer Wettkampfübung

5.5.2.1 Begrüßung

Die Begrüßung des Publikums und der Kampfrichter ist als erster Eindruck am wirksamsten in der Mitte der vorderen Abgrenzung der Wettkampffläche. Sie sollte mehr als ein freundliches und unverbindliches Kopfnicken darstellen. Um die Aufmerksamkeit auf sich zu ziehen, sollte sie zu einer persönlichen Darstellung genutzt werden. Anschließend muss die Position auf der Fläche und die Anfangspose schnell eingenommen werden. Bei Paaren, Trios oder Teams ist die Begrüßung und das Einnehmen der Startpose synchron vorzutragen.

5.5.2.2 Anfangspose

Die Anfangspose ist der erste fachliche Eindruck für die Kampfrichter und sollte sehr schnell eingenommen werden können. Hebefiguren als Anfangspose mit hohem Krafteinsatz müssen kontrolliert werden können. Die Sicherheit der Anfangspose ist eines der wichtigsten Kriterien für die Auswahl einer Startposition. Diese Position sollte so stabil sein, dass keine unnötige Zusatzbewegung notwendig ist und so einfach sein, dass sie im Bedarfsfall auch mehrere Sekunden gehalten werden kann. Das Einnehmen der Anfangspose erfolgt zuerst mit den Beinen, dann durch die Hinzunahme der Arme und schließlich durch die Ausrichtung des Kopfes. Ist im Wettkampf der erste Ton der Musik oder der Anfangston nicht hörbar, kann mit der Übung nicht optimal begonnen werden. Dies ist ein technisches Problem. Hierbei ist den Wettkämpfern zu empfehlen, nicht mit der Übung zu beginnen. Solange von der Wettkampfleitung keine konkrete Anweisung über das weitere notwendige Verhalten erfolgt ist, soll der Wettkämpfer auf der Wettkampffläche bleiben.

5.5.2.3 Übungsbeginn

Die ersten Bewegungen müssen in die gesamte Übung und in die Musik gut integriert sein. In dieser Zeit soll der Wettkämpfer eine Einführung in die Choreografie geben: Das Thema sollte durch den Typ der Bewegungen und die Präsentation schon ganz zu Beginn der Übung dargestellt werden. Ziel ist es, das Interesse der Zuschauer (und natürlich auch der Kampfrichter) zu wecken. Die Choreografie sollte daher mit einem effektvollen Element beginnen. Dies kann ein Schwierigkeitselement oder eine interessante Hebefigur sein, aber auch durch wirkungsvolle Bewegungskombinationen von Aerobic-Schritten oder durch die Präsentation der Choreografie geschehen.

5.5.2.4 Hauptteil der Übung

Eine gute Choreografie weist durchgängig eine hohe Intensität auf. Der Wettkämpfer soll das Anfangsniveau – jedoch mit bewusst eingesetzten Schwankungen der Intensität – bis zum Schluss konditionell durchhalten können.

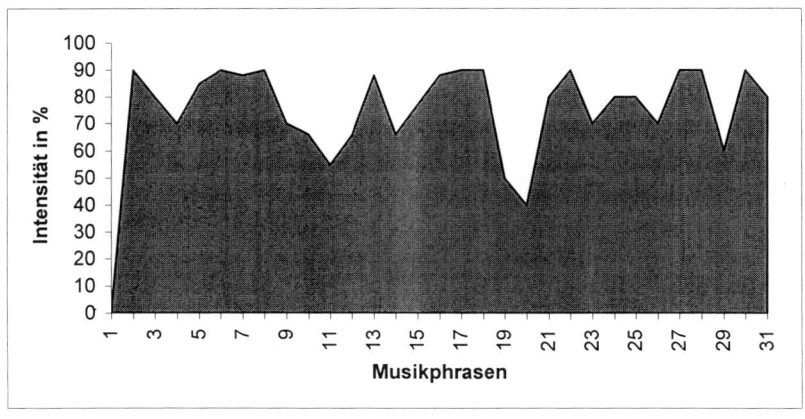

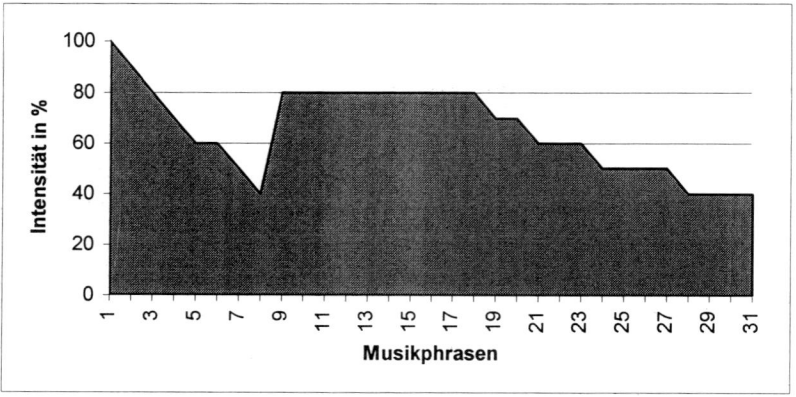

Abb. 29: Häufig zu sehen ist ein Abfall der Intensität in der zweiten Hälfte der Übung.

Eine hohe Intensität wird durch eine Vielzahl von verschiedenen Faktoren bestimmt. In der Aerobic sollte eine hohe Frequenz von sich schnell abwechselnden Bewegungen mit Bewegungen, die sich durch eine große Bewegungsweite auszeichnen, abwechseln.

Alle Bewegungen müssen mit einer hohen Präzision und Kontrolle ausgeführt werden. Dies bedingt einen Einsatz vieler Muskeln bzw. Muskelgruppen. Sprünge und andere explosive Bewegungen gegen die Schwerkraft sind charakteristisch für eine hohe Intensität.

Ebenso bewirken große Raumveränderungen während der Aerobic-Schritte eine hohe Intensität. Die Schwierigkeitselemente sind meist Bewegungen mit hoher Intensität. Diese sollen auf die Übung gleichmäßig verteilt werden – unter Einhaltung der Prinzipien der Raumveränderung und Übergänge von verschiedenen Ebenen.

Auch die Aerobic-Kombinationen unterschiedlichen Schwierigkeitsgrades sollten innerhalb der Choreografie über die Gesamtübung platziert werden.

Die Intensität kann durch folgende Variationen erhöht bzw. gesenkt werden:

	Beispiele	
	Steigerung	**Verringerung**
Anzahl der Körperteile in Aktion	Zufügen von Armbewegungen, Handbewegungen...	Kurzfristig Einstützen eines Armes
Horizontale Raumausnützung	Sich von einem zu einem anderen Platz bewegen: vor, rück, seit, diagonal in einer Ebene bewegen	Minimale Raumausnutzung bei schwierigen Kombinationen
Vertikale Raumausnutzung	Hohe Sprünge oder bodennahe Stellung	Vermeidung einer hohen Anzahl von Sprüngen, Aneinanderreihung von verschiedenen Bodenelementen
Frequenz	Synkopierte Bewegungen, schnelleres Tempo	Mittleres Musiktempo
Bewegungsweite	Größerer Bewegungsradius der Arme und Beine	Geringerer Bewegungsradius von Armen und Beinen
Widerstand	Krafteinsatz und kontrollierter Muskeleinsatz der Arme und Beine	Fließende, langsame Armbewegungen
Hebel	Vergrößerung der Hebel (gestreckte Knie und Ellbogen)	Verkleinerung der Hebel: gebeugte Arme und Knie

Die Abwechslung im Einsatz dieser Komponenten auf leicht variierendem Niveau zeichnet eine interessante Choreografie aus. Um schnelle Bewegungen mit einem großen Bewegungsradius durchführen zu können, ist eine gute allgemeine Kondition Voraussetzung. Ist eine der konditionellen Komponenten wie Kraft, Beweglichkeit, Schnelligkeit und Ausdauer und Koordination nicht genügend ausgeprägt, steigt die Verletzungsgefahr.

5.5.2.5 Übungsende

Die letzten acht Beats der Musik und die dazugehörigen Bewegungen sollen die Idee der Choreografie noch einmal aufgreifen. Die Bewegungen müssen, obwohl sie am Schluss entweder ein interessantes Schwierigkeitselement oder eine unerwartete Bewegung präsentieren, gut in die Gesamtübung integriert werden.

5.5.2.6 Schlusspose

Die Schlusspose ist der letzte Eindruck für die Zuschauer (inklusive Kampfrichter). Daher sollte sie sowohl überraschend als auch effektvoll sein. Eine deutliche und stabile Pose ist zu empfehlen, um den letzten Eindruck durch „Zusammenbruch" nicht zu zerstören – auch wenn dieser nach Beendigung der Musik erfolgen sollte. Bei Paaren, Trios und Teams ist oft eine Hebefigur als Schlusspose zu sehen. Diese ist in den meisten Fällen spektakulär und damit sehr interessant für die Zuschauer, bringt aber auch ein gewisses Risiko bei der Ausführung mit sich.

5.5.3 Räumliche Aspekte

5.5.3.1 Wettkampffläche/-raum

Die Größe der Wettkampffläche beträgt (zur Zeit) 7 x 7 m für Einzelstarter, Paare und Trios. Teams erhalten eine Bodengröße von 10 x 10 m für ihre Choreografie. Eine Choreografie sollte aber auch dreidimensional im Wettkampfraum konzipiert werden.

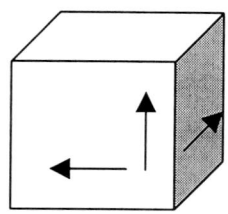

Abb: 30

Die Dreidimensionalität muss in vertikaler und horizontaler Richtung ausgenutzt werden. Die vertikale (höhenmäßige) Ausnutzung des Wettkampfraumes erfolgt ausschließlich über Sprünge und bodennahe Bewegungen. Je besser die Wettkämpfer sind, desto schneller und öfter integrieren sie die Übergänge und einen Wechsel der Ebenen. Die horizontale Ausnutzung entspricht der Flächenausnutzung.

Eine gute Übung unter räumlichen Aspekten zeichnet sich durch eine gleichmäßige Ausnutzung der Fläche und durch einen schnellen Wechsel der benutzten Regionen aus.

Zu geringe Raumausnutzung   *Optimale Raumausnutzung*

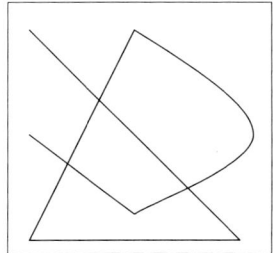  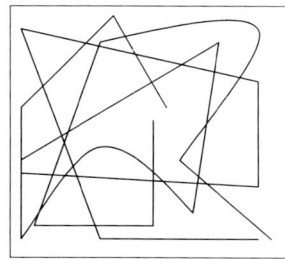

Abb. 31, 32, 33

Die gesamte Wettkampffläche (zweidimensional) muss ausgenutzt werden. Bei Kategorien mit mehr als einem Sportler auf der Wettkampffläche müssen nicht alle in jeder Region/Ecke gewesen sein. Ausreichend ist, wenn ein Sportler jeweils jede Region betreten hat.

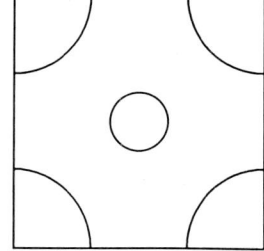

Abb. 34

In den Kategorien Damen und Herren werden die schwersten, originellsten und riskantesten Elemente und Kombinationen in der Mitte der Wettkampffläche platziert, da ihnen dort die größte Aufmerksamkeit geschenkt wird. Teilen sich mehrere Wettkämpfer gleichzeitig eine Wettkampffläche, wird der Boden automatisch bei bestimmten Elementen zu großen Teilen ausgenutzt.

5.5.3.2 Raumwege

Die räumlichen Aspekte betreffen nicht nur den Grad der Ausnutzung der Fläche (quantitativ), sondern auch die verschiedenen Variationen der Bewegung auf dem Wettkampfboden. Die Fläche sollte durch verschiedene Raumwege ausgenutzt werden. Der Sportler muss sich in verschiedenen Raumrichtungen bewegen. Mögliche Variationen:

- Zwei Diagonalen – Bewegung von vor nach rück und rück nach vor (vier Möglichkeiten).

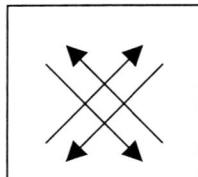

Abb. 35

- Seitbewegung – Bewegung von links nach rechts und rechts nach links, verschiedene räumliche Platzierungen (weit vorn, in der Mitte oder an der hinteren Wettkampfbegrenzung).

- Vor- und Rückbewegung – Platzierung an verschiedenen Stellen auf der Wettkampffläche (rechts, Mitte, links).

- Kreis – Nutzung unterschiedlicher Radien und Kreisrichtungen.

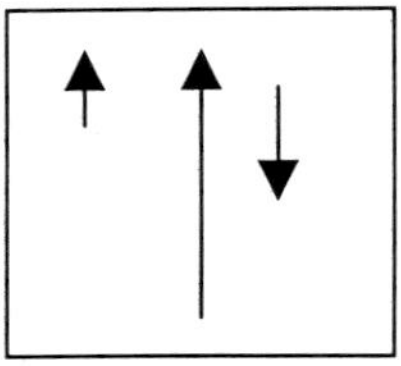

Abb. 36

Der Raumweg muss für die Kampfrichter erkennbar sein. Es muss aber mit einem gewählten Raumweg nicht die gesamte Fläche durchquert werden.

5.5.3.3 Räumliche Beziehung der Sportler untereinander

Neben verschiedenen Raumwegen müssen, bezogen auf die Wettkampffläche, auch verschiedene Formationen gezeigt werden. Mit „Formation" ist die Aufstellung aller Sportler auf der Wettkampffläche mit einer sichtbaren Ordnung gemeint. Beispiele für Formationen sind:

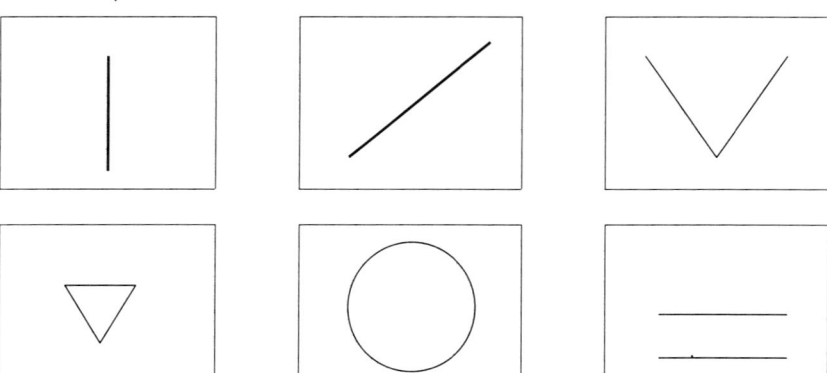

Abb. 37-42

In einer Kürübung sollten mindestens *drei verschiedene* Formationen bei Paaren, mindestens fünf bei Trios und sieben bei Teams gezeigt werden. Je größer die Teamstärke ist, umso höher ist die Anzahl der möglichen verschiedenen Formationen.

Wichtig neben den verschiedenen Formationen ist ein zusätzlicher Formationswechsel, das heißt das schnelle Auflösen und Einnehmen einer neuen Formation. Formationsänderungen sollten als Faustformel mindestens alle 3 x 8 Beats vorgenommen werden.

Ein anderes Instrument, die Wettkampffläche gut und interessant auszunutzen, ist der Positionswechsel. Darunter versteht man einen Platzwechsel einiger oder aller Sportler während die Formation beibehalten wird.

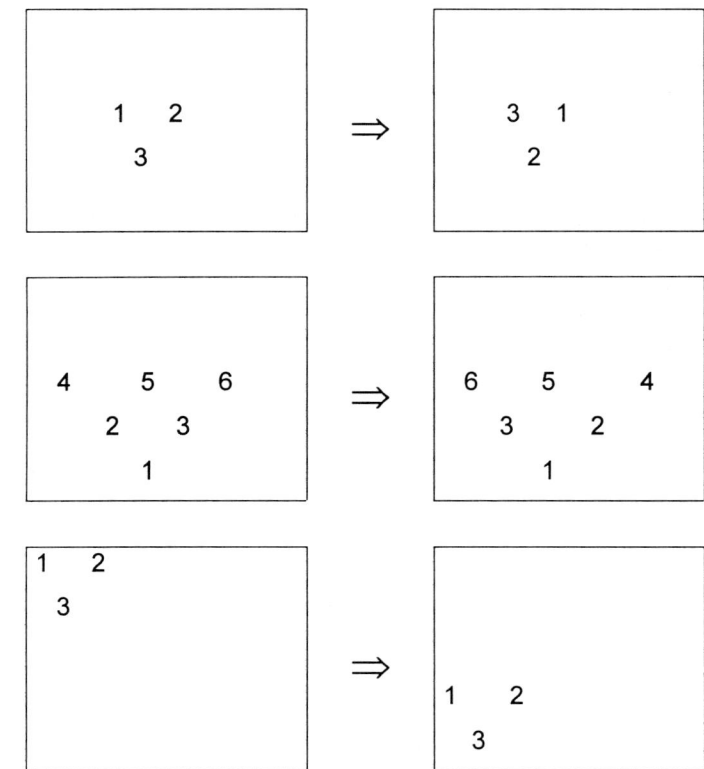

Abb. 43-48

Als dritte Möglichkeit ist die Veränderung der Abstände der Sportler innerhalb einer bestehenden Formation zu sehen. Die Formation wird dabei nicht verändert. Die Abstände der Wettkämpfer zueinander werden gleichmäßig verändert.

Abb. 49, 50

Bei großen Teams sollten nicht nur verschiedene Formationen eingesetzt werden, sondern auch Formationen mit Untergruppen.

Abb. 51, 52

Die relative Position eines Wettkämpfers zu den anderen Wettkämpfern sollte während der Aerobic-Übung mehrmals gewechselt werden. Der beste Sportler in einem Team sollte während der gesamten Zeit keine dominante Position einnehmen.

5.5.4 Einbeziehung von Schwierigkeitselementen

Bei einer optimal angelegten Choreografie „wachsen" Schwierigkeitselemente aus aerobictypischen Schritten, Kombinationen und Übergängen. Sie müssen perfekt integriert werden, sodass kein Bruch zwischen den Elementen, den Aerobic-Bewegungen und Übergängen sichtbar ist. Die Schwierigkeitselemente sind daher überraschend und unvorhersehbar.

Die Auswahl der Elemente ist natürlich in erster Linie von den konditionellen und technischen Fähigkeiten und Voraussetzungen des Sportlers bzw. des Teams abhängig. Trotzdem sollte – unabhängig vom Leistungsstandard – versucht werden, die Elemente sehr variationsreich in die Choreografie einzubauen (aktive und passive Beweglichkeit, verschiedene Arten der Kraft). Als „Hilfsmittel" hat sich die Einführung von Elementgruppen durchgesetzt.

Mindestens ein Element aus jeder der folgenden Elementgruppen muss gezeigt werden:
- Statische Kraftelemente
- Dynamische Kraftelemente
- Beweglichkeit
- Kicks
- Gleichgewichtselemente und Drehungen
- Sprünge.

Damit werden die konditionellen Voraussetzungen annäherungsweise bewiesen.

Neben dem Erfüllen der Elementgruppen zeigt eine gute Choreografie ein Gleichgewicht zwischen den verschiedenen Kraft- und Beweglichkeitsformen. Auch zwischen der rechten und linken Körperseite bzw. zwischen Ober- und Unterkörper soll in Bezug auf Kraft und Beweglichkeit ein Gleichgewicht herrschen.

Ebenso müssen verschiedene Aspekte der Kraft in Form von Maximalkraft, dynamischer Kraft (Arme) und Explosivkraft bei Sprüngen gezeigt werden. Bei Beweglichkeitselementen stellt die aktive Beweglichkeit einen höheren Anspruch als die passive dar. Verschiedene Formen der Beweglichkeit erhöhen die Bewegungsvielfalt.

5.5.4.1 Vorbereitung von Schwierigkeitselementen

Da alle Schwierigkeitselemente aus Aerobic-Bewegungen wachsen sollen, darf die Vorbereitung zu Schwierigkeitselementen nicht als solche erkennbar sein. Es darf unter anderem kein Stopp der Bewegung bei der Vorbereitung auftreten, das heißt, die Übergänge zu Schwierigkeitselementen müssen dynamisch und fließend angelegt sein. Daher sollte nur die minimal notwendige Vorbereitung gezeigt werden.

Beispiele für aerobictypische Vorbereitungen:	Beispiele für aerobicuntypische Vorbereitung:
Einbeiniger Absprung • Ein Chassé und ein Anlaufschritt • Zwei Anlaufschritte	*Beidbeiniger Absprung* • Chassé, Chassé und ein Schritt • Chassé und zwei Anlaufschritte • Drei und mehr Anlaufschritte
Beidbeiniger Absprung • Ein Schritt und ein Assemblé	*Beidbeiniger Absprung* • Zwei Anlaufschritte und Assemblé

Die häufigsten Fehlerquellen entstehen zum einen durch einen Stopp vor der Anlaufbewegung, zum anderen durch „normale Anlaufschritte" ohne Armbewegungen. Diese sind keine aerobictypischen Bewegungen. Während der Vorbereitung und dem Sprung müssen klar definierte Armbewegungen gezeigt werden.

5.5.4.2 Zeitliche Anordnung
Eine Verbindung vieler Schwierigkeitselemente direkt hintereinander ist nicht aerobictypisch, da dies in den meisten Fällen den Verlust der Dynamik und des „Fließenden" darstellt. Dieser Effekt verstärkt sich vor allem bei der Aneinanderreihung von statischen Elementen. Die Dynamik kann sowohl durch fließende Verbindungen (in der gleichen Ebene oder durch Wechsel der Ebene) oder durch Aerobic-Schritte erreicht bzw. erhalten werden. Die Schwierigkeitselemente sollten in einer guten Choreografie über die gesamte Übung relativ gleichmäßig angeordnet werden.

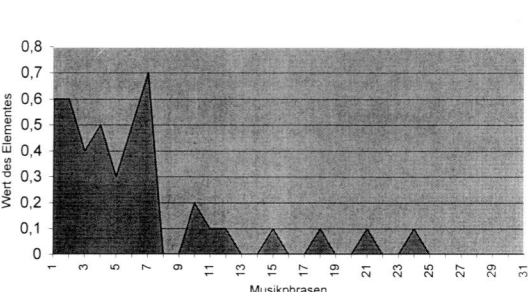

Schwerpunktmäßige Verteilung der Schwierigkeitselemente

Abb. 53

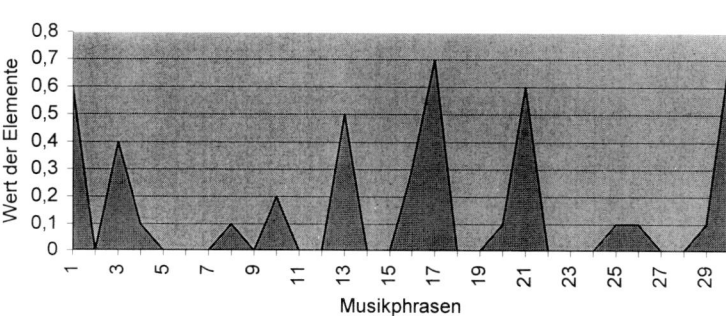

Abb. 54

5.5.4.3 Räumliche Anordnung

Auch die räumliche Anordnung von Schwierigkeitselementen unterliegt den Kriterien der Choreografie. Die Richtung des Elements muss so gewählt werden, dass es für den Kampfrichter gut sichtbar ist. Schwierigkeitselemente sollen in einer Richtung gezeigt werden, wo der Kampfrichter die entsprechenden Kriterien für die Anerkennung eines Elementes sieht.

Jedoch können durch unterschiedliche Blickwinkel bzw. Richtung des Elements auch bestimmte Technikfehler hervorragend oder weniger gut vom Kampfrichter beobachtet werden. Die Wettkampffläche von ca. 7 x 7 m ist sehr übersichtlich, sodass das Anordnen der Schwierigkeitselemente auf einem bestimmten Platz der Fläche (vorzugsweise Mitte) nicht unbedingt erforderlich ist, um besonders gut zur Geltung zu kommen.

5.6 Methodik: Aufbau einer Choreografie

5.6.1 Voraussetzungen

Bevor an die Erarbeitung einer Choreografie gegangen werden kann, müssen die vorhandenen Fähigkeiten und äußeren Bedingungen des Sportlers bzw. des Teams und des Choreografen ermittelt werden. Ebenso muss die Zielsetzung dieser Wettkampfperiode mit in die Überlegungen einbezogen werden.

Zuerst sollte der aktuelle Leistungsstand des oder der Sportler konkret festgestellt werden:

- Konditionelle Voraussetzungen (Kraft, Schnelligkeit, Beweglichkeit, Koordination, Ausdauer).
- Präsentationsfähigkeit (davon sollte wiederum die Auswahl der Musik und des Themas abhängig gemacht werden).
- Fähigkeit, Aerobic-Schritte und Armbewegungen auszuführen.
- Fähigkeit, Schwierigkeitselemente auszuführen.
- Musikalisches Gehör.

Ebenfalls spielt das äußere Erscheinungsbild, wie
- Alter
- Typ
- Körpergröße und
- Körpergewicht

eine große Rolle bei der Auswahl der Musik und dem Stil der Choreografie.

Die in der nächsten Periode angestrebten Fähigkeiten spielen für den Aufbau eine große Rolle. Dabei ist ein genauer Soll-Ist-Vergleich aller erforderlichen Fähigkeiten zu erstellen. Bei der Erarbeitung einer Choreografie muss immer vom aktuellen Ist-Zustand der Fähigkeiten und vom realistischen Soll-Zustand des oder der Sportler in der kommenden Wettkampfperiode ausgegangen werden. Die Schwierigkeit der Choreografie muss an das Leistungsvermögen der Sportler angepasst werden. Fazit: Lieber eine leichtere Übung mit guter Ausführung (Schwierigkeitselemente und Aerobic-Elemente !!!) als eine mit einer ständigen Überforderung und schlechter technischer Ausführung.

Die Choreografie ist sehr stark von den schöpferischen Fähigkeiten des Choreografen, der zugleich die Rolle des Trainers oder des Sportlers übernehmen kann, abhängig. Eine perfekte Choreografie ist auf den oder die Wettkämpfer speziell zugeschnitten und unterscheidet sich daher von anderen Choreografien. Sie ist einzigartig und außergewöhnlich und kann nur von diesem oder diesen Sportlern in entsprechender Weise präsentiert werden. Die Arbeit eines gutes Choreografen zeichnet sich auch dadurch aus, dass in Kenntnis der Wertungsvorschriften individuelle Übungen erstellt werden.

Besonderheiten für Choreografien mit mehr als einem Sportler

Die Choreografie für Paare, Trios und Teams ist wesentlich anspruchsvoller in der Erarbeitung als bei Einzelstartern. Die Prinzipien gelten hier jedoch genauso. Da die einzelnen Sportler eines Teams selten sowohl vom äußeren Erscheinungsbild als auch von den konditionellen Voraussetzungen identisch sind, müssen bei der Gestaltung einer Choreografie in vielen Bereichen Abstriche gemacht werden. Besonders problematisch sind oft die verschiedenen körperlichen Voraussetzungen bei Paaren (Mixed Pair) oder gemischten Trios und Teams. Grundsätzlich muss bei jeder Anforderung an die physischen Voraussetzungen und Leistungsfähigkeit des Sportlers gedacht werden, der zur Zeit die größten Defizite besitzt. Dies ist notwendig, da die Ausführung aller Bewegungen in der Choreografie mit derselben Geschwindigkeit, Krafteinsatz und Bewegungsweite gezeigt werden soll, um die Einheit des gesamten Teams zu demonstrieren.

5.6.2 Wie erstelle ich eine Kürübung?

Abb. 55

Phase	Technischer Teil	Künstlerischer Teil
1	**Auswahl der Elemente** • Maximale Anzahl der Elemente (durch Wertungsbestimmungen vorgegeben) • Elementgruppen (durch Wertungsbestimmungen vorgegeben) • Auswahl der Elemente nach dem Prinzip der Risikofreudigkeit • Kreation neuer Elemente	**Thema** Die Suche nach einer Idee bzw. eines Themas für die Choreografie steht zu Beginn der Arbeit. Das Thema muss zu dem Stil des oder der Sportler passen. Bei Teams müssen sich alle Sportler mit dem Thema identifizieren können, um dies im Wettkampf gut präsentieren zu können. **Musik** Gleichzeitig und in großer Abhängigkeit von der Auswahl des Themas beginnt die Suche und die Festlegung der Musik. Die Auswahl ist abhängig von den physischen Fähigkeiten und den Präsentationsmöglichkeiten des Sportlers. Die Eignung der Musik für die Aerobic sollte sofort durch eine Musikanalyse getestet werden. **Bekleidung** Die Wahl des Wettkampfanzuges kann durch seine Originalität die Umsetzung des Themas positiv unterstützen und die Choreografie noch harmonischer wirken lassen. Diese Auswahl ist zeitlich unabhängig von der Erarbeitung der Choreografie und kann daher auch später erfolgen.
2	• Übergang von Elementen (vor und nach dem Element) • Verbindung von Elementen in Grobform (noch nicht von Thema und Stil der Musik abhängig)	Zur Charakteristik der Musik und des Themas sollten nun genaue Kenntnisse über die Umsetzung in Bewegungen gewonnen werden. Eine Auswahl typischer Posen, Armgestaltung bzw. aerobic-spezifischer Bewegungen zu diesem Thema liegt nun

	• Erarbeitung von Richtungen bei der Ausführung von Elementen • Erarbeitung von Formationen	an. Ebenfalls eignen sich Hebefiguren oder andere Partnerteile gut zur Umsetzung eines Themas. Die Integration von Schwierigkeitselementen in ein Thema ist jedoch kaum möglich, da die Variationsmöglichkeiten der Elemente beschränkt sind.
3		• Erster Schnitt der Musik • Herausarbeiten der Höhepunkte bzw. markanten Stellen der Musik
4	Festlegung der bedeutendsten Musikstellen durch: • Elemente • Aerobic-Kombinationen • Präsentation • Interaktionen/Hebefiguren	
5	Verteilung aller Elemente • Festsetzung von Ebenenwechsel • Festlegung einiger Formationen	
6	Analyse, wie viele Ebenen- und Formationswechsel aufgrund der Wertungsbestimmungen noch durch Aerobic-Schritte integriert werden müssen. • Vervollständigung nach den Kriterien der Wertungsbestimmungen.	
7	Erarbeitung einer Grobkonzeption: Einbau von Aerobic-Schritten und dazugehörigen Armbewegungen passend zur Musik und zum Thema	
8	Übergänge, Posen und die spezielle Art der Präsentation werden zur Musik festgelegt. Originalität bei einzelnen Bewegungen und als Einheit während der gesamten Aerobic-Übung ist Voraussetzung für eine wirkungsvolle Gestaltung. Besonders wichtig ist dies bei der Erarbeitung des Anfangs und Schlusses der Choreografie.	
9	Überarbeiten der musikalischen Komposition, z.B. durch Integration von Soundeffekten	

Damit ist das Grundgerüst der Choreografie fertig. Es empfiehlt sich, in dieser Phase die technischen Kriterien, die durch die jeweils gültigen Wertungsbestimmungen festgelegt werden, noch einmal zu überprüfen bzw. einen geschulten Kampfrichter zu Rate zu ziehen. Da in der Aerobic der Grad der Ausführung sehr stark die Artistik beeinflusst (Wirkung der Choreografie), muss dieses Grundgerüst von dem oder den Sportlern bis zu einem gewissen Grade umgesetzt werden, bevor mit dem „Ausfeilen" der Choreografie begonnen werden kann.

5.6.3 Aneignungsprozess

5.6.3.1 Phase der Erarbeitung
Erarbeitung von Schwerpunkttechniken
In der ersten Phase werden die Schwierigkeitselemente alleine, das heißt ohne Übergang trainiert. Wenn diese mindestens in der Grobform beherrscht werden, können die Schwierigkeitselemente mit dem Übergang vor und nach dem Element vorbereitet werden.

Erarbeiten der Aerobic-Choreografie
Parallel zur Erarbeitung von Elementen kann mit dem Aufbau von Schrittkombinationen begonnen werden. Zuerst wird nur mit den Beinbewegungen begonnen. Die Arme werden erst nach Festlegung der Beinbewegungen hinzugefügt. Werden die Schrittkombinationen beherrscht, muss auf die Übereinstimmung von Musik und Bewegung geachtet werden. Stimmen die Bewegungen mit der Musik überein, werden die Raumwege einbezogen. Bereitet das Erlernen einer Schrittkombination trotz „Weglassens der Arme" besondere Schwierigkeiten, kann sie zunächst im halben Bewegungstempo eingeübt werden. Anschließend wird das Bewegungstempo verdoppelt. Die Vorbereitung des Übungstrainings erfolgt durch Aerobic-Stunden verschiedenen Levels und Stils. Hier wird die Koordination des Wettkämpfers geschult – dies lässt die Bewegungen flüssiger und natürlicher erscheinen.

Verbindung von Elementen und Aerobic
Wenn sowohl die Schwierigkeitselemente mit Übergängen als auch die Aerobic-Choreografie beherrscht werden, kann die Verbindung angestrebt werden. Um die „Schnittstellen" der einzelnen Bewegungskombinationen zu entfernen, wird zunächst an eine Aerobic-Schrittkombination oder einen Übergang die folgende Sequenz gehängt. Erst in der nächsten Phase wird das Schwierigkeitselement mit der gesamten Kombination trainiert.

5.6.3.2 Phase der technischen und artistischen Perfektionierung

Erst nach Erarbeitung aller Schwierigkeitselemente und Schrittkombinationen sollten Kombinationen von verschiedenen Teilen der Choreografie trainiert werden. Beginnt man mit dieser Phase zu früh, schleichen sich Technikfehler durch die erhöhten Anforderungen ein. Wird dies übersehen, kann sich die falsche Technik automatisieren. Diese Phase zeichnet sich durch eine Verkürzung der Pausenintervalle zwischen den Choreografieabschnitten und eine kontinuierliche Steigerung der Niveauansprüche und die Erhöhung der Belastungsparameter aus.

Eine steigende Belastung kann durch folgende Trainingsvariationen und durch Weglassen oder Integration der Schwierigkeitselemente erreicht werden:
- 1/4 und 1/2 Übungen
- Erhöhung des Musiktempos
- Ganze Übungen
- 1 1/2 und Doppelübungen.

Wichtig ist die unterschiedliche Schwerpunktsetzung innerhalb dieser Phase. Anderenfalls sinkt die Konzentration durch monotone Trainingsgestaltung.

Schwerpunkte können beispielsweise wie folgt gesetzt werden bei:
- Elementen
- Schritten
- Musikumsetzung
- Raumarbeit
- Präsentation.

5.6.3.3 Phase der Stabilisierung

Kann eine Übung zeitweise technisch und künstlerisch fehlerfrei gezeigt werden, beginnt die Phase der Stabilisierung. Ziel der Stabilisierung der Wettkampfübungen ist es, sie unter Wettkampfbedingungen zu zeigen. Da in der Wettkampfperiode meist mehrere Meisterschaften (inklusive Qualifikationswettkämpfe) und Turniere bestritten werden, ist eine zuverlässige Verfügbarkeit der Wettkampfübungen zu jedem beliebigen Zeitpunkt der Wettkampfperiode als Ziel anzustreben. Eine stabile Wettkampfübung (bei verschiedenen Wettkämpfen) setzt jedoch nicht nur ein Beherrschen der technischen Anforderungen und die artistische Umsetzung (Musik und Präsentation) voraus, sondern auch die psychische Stabilität des Sportlers.

5.6.3.4 Vorbereitung der wettkampfspezifischen Anforderungen

Die Vorbereitung der wettkampfspezifischen Anforderungen sollte in den Wochen vor Beginn der Wettkampfperiode bzw. vor dem Hauptwettkampf trainiert werden. Je mehr wettkampftypische Faktoren in das Training miteinbezogen werden, desto realer ist die Vorbereitung. Jeder Sportler reagiert auf unterschiedliche Faktoren in verschiedener Art und Umfang, jedoch können allgemein folgende Störquellen aufgezeigt werden, die die Leistung negativ beeinflussen: Das Training der Wettkampfübung sollte unter unterschiedlichen Bedingungen in Bezug auf den Boden (Schwingung, Rutschfähigkeit), die Beleuchtung oder eine störende Geräuschkulisse durchgeführt werden. Auch eine Veränderung der Raumorientierung und eine (vorher angesagte und überraschende) Manipulation der Musikgeschwindigkeit und Lautstärke sind darunter zu verstehen.

Die kurzfristige Vorbereitung auf den Wettkampf (warm-up) kann mit verschiedenen zeitlichen und räumlichen Vorgaben trainiert werden. Dem Hauptwettkampf sollten („weniger wichtige") Qualifikationswettkämpfe oder Showturnen vorausgehen, um die Choreografie vorher vor Zuschauern und Kampfrichtern zu testen. Dies kann die psychische Anspannung bei dem entscheidenden Wettkampf enorm vermindern. Bei Wettkämpfen, die sich in einen Vorkampf und das Finale gliedern, darf die Problematik der Verarbeitung der eigenen Leistung des Vorkampfes und des von den Kampfrichtern erhaltenen Ergebnisses in Bezug auf die physische und psychische Entspannung zwischen Vorkampf und Finale nicht unterschätzt werden.

6 Wettkampfvorbereitung

6.1 Die sportgerechte Ernährung

Im Leistungssport ist die Basis jeden sportlichen Erfolges das intensive sport-artspezifische Training. Die Qualität wie auch die Quantität unserer Nahrung beeinflusst die körperliche Ausstattung und somit auch die Leistungsfähigkeit von Muskeln, Herz und Kreislauf. Deshalb ist die adäquate Ernährung eine wichtige Voraussetzung für die konsequente Durchführung eines intensiven Trainingsprogrammes und des sportlichen Erfolges. Mangelzustände im Bereich bestimmter Nährstoffe beeinträchtigen die Leistungsfähigkeit, umgekehrt kann die Substitution von Nährstoffen über den biologischen Bedarf hinaus die Ermüdung verzögern und die erbrachten Leistungen steigern. Im Folgenden werden kurz die wesentlichen Aspekte einer sport(aerobic)-gerechten Ernährung genannt. Für die Grundlagen der Ernährung wird auf bekannte Literatur über Ernährungsfragen verwiesen. Es werden bei der sportgerechten Ernährung keine gravierenden Unterschiede zwischen einzelnen Sportarten gemacht.

Man unterscheidet zwei Ernährungsstufen, die für alle Sportarten ähnlich gestaltet werden:
STUFE I = Basisernährung: Ernährung während Trainingsperioden von niedriger und mittlerer Intensität (Energieaufwand bis zu 4.500 kcal/Tag).
STUFE II = Intensivernährung: Gezielte Ernährung ausschließlich während hochintensiver Trainings- und Wettkampfbelastung.

Langfristig muss immer auf eine den Nährstoffbedarf deckende Ernährung geachtet werden. Sie ist eine entscheidende Voraussetzung zur Erhaltung der Gesundheit. Zusätzlich müssen die individuellen Vorlieben und Abneigungen, eventuell auch Unverträglichkeiten und sonstige Besonderheiten der Sportler beachtet werden. Ernährungsdefizite lassen sich auf verschiedenen Ebenen des Leistungssports feststellen. Besonders gefährdet hinsichtlich einer Fehlernährung sind dabei Jugendliche und Frauen, gerade bei einer Sportart wie die Aerobic als Wettkampfsport, wo ein niedrigeres Gewicht von Vorteil ist.

Ernährungsempfehlung zur Stufe I (Basisernährung)
Durch die Basisernährung soll sowohl die benötigte Energiezufuhr für den Sportler wie auch eine ausreichende Nährstoffzufuhr zum langfristigen Erhalt der Ge-

sundheit gewährt werden. Die Nährstoffverteilung dieser Art der Ernährung (60% Kohlenhydrate, 25% Fette, 15% Eiweiß) deckt den notwendigen Energieumsatz der etwa täglich, bei 2-4 Stunden Sport/Tag, notwendig ist. Bei entsprechend qualitativ hochwertiger, gemischter und abwechslungsreicher Kost ist damit der Vitamin-, Mineralstoff- und Eiweißbedarf ausreichend gedeckt. Mit Zunahme des Energiebedarfs bei hochintensiven Belastungen mit hohem Glykogenverbrauch muss eine spezielle Form der Ernährung (Stufe II) eingehalten werden.

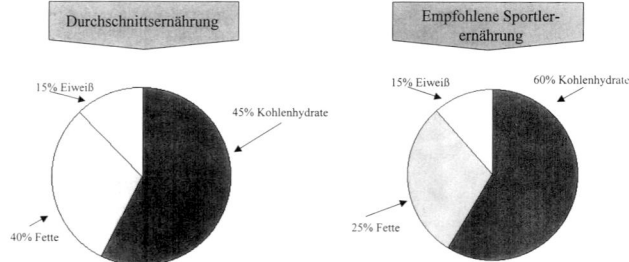

Abb. 56: Unterschied der Nährstoffverteilung zwischen normaler und Sportlerernährung

Um eine schnelle, unkomplizierte und sportgerechte Verteilung der Nährstoffe zu gewährleisten, hält man sich beim täglichen Speiseplan an folgende Regel (Abb. 57):

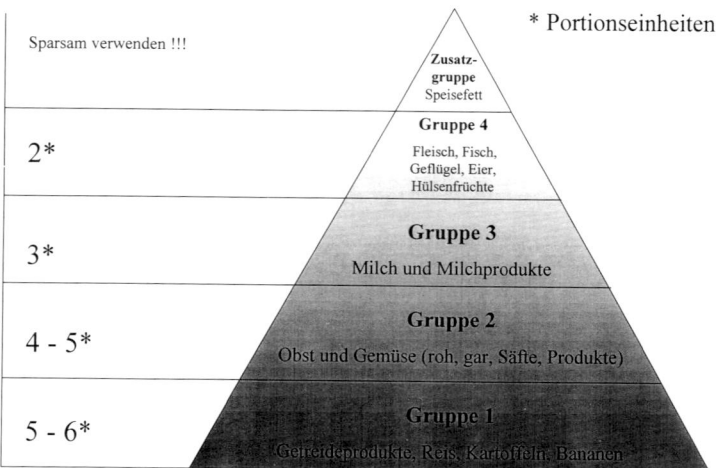

Abb. 57: Die Ernährungspyramide für den Sportler

Es sollten die oben stehenden vier Nahrungsgruppen mit den jeweiligen Portionseinheiten enthalten sein, wobei eine Portionseinheit einer üblichen Beilagenmenge einer Mahlzeit entspricht. Die Größe der Portionen richtet sich allein nach dem individuellen Kalorienbedarf, d.h. nach dem Alter, Geschlecht, der Körpermasse und dem Ausmaß der körperlichen Aktivität. Die fünfte Gruppe (Zusatzgruppe Speisefette) sollte vom Sportler nur wenig und gezielt verwendet werden, insbesondere sind direkt verzehrbare Nahrungsmittel aus der industriellen Fertigung fettreich und somit zu vermeiden. Bei dieser Aufteilung der Ernährung ist automatisch der Eiweißbedarf für den Aerobic-Sportler gedeckt. Spezielle Eiweißpräparate (kalorienarm, am besten mit Vitaminen und Mineralstoffen angereichert) sind nur notwendig bei Gewichtsreduzierung, d.h. nur dann, wenn am Tag weniger als ca. 1.800 kcal zugeführt werden.

Ernährungsempfehlung zur Stufe II (Intensivernährung)

Bei hochintensiven Belastungen ist der Körper zur Erreichung der maximalen Leistungsfähigkeit akut nur von zwei Nährstoffen abhängig: Wasser und Kohlenhydrate. Die „gesunden" natürlichen Nahrungsmittel weisen naturgemäß häufig einen relativ hohen Wasser- und Ballaststoffgehalt auf, was ihr Volumen entsprechend vergrößert. Der hohe Kohlenhydratverbrauch bei intensiven Belastungen zwingt den Sportler, den Kohlenhydratanteil der Ernährung zu erhöhen. Das damit steigende Nahrungsvolumen ist dann vom Sportler nicht mehr zu bewältigen, deshalb kann kurzfristig auf konzentrierte Kohlenhydratquellen (z.B. raffinierte Kohlenhydrate) und spezielle Vitamin- und Mineralstoffpräparate, zur Vermeidung einer Unterversorgung, zurückgegriffen werden.

Als Dauerernährung ist jedoch die Intensivernährung nicht geeignet, sie birgt die Gefahr einer zu niedrigen Versorgung mit essentiellen Aminosäuren, Fettsäuren, Vitaminen und Mineralstoffen und sollte den Wettkampfzeiten vorbehalten sein. Empfohlene Nährstoffrelation: Kohlenhydrate 70-75%, Fette 15-20%, Eiweiß 10-12%.

Das Volumen des Magen-Darmsystems ist begrenzt und kann zum leistungsbegrenzenden Faktor werden, wobei in der Aerobic die Fehlernährung aufgrund von Gewichtsregulierung überwiegt, und zur Wettkampfzeit vor allem auf eine ausgewogene und ausreichende Ernährung mit oben stehender Nährstoffverteilung geachtet werden sollte.

Häufig stellt sich bei einer speziellen Wettkampfernährung die Frage: Wann werden wie viele Kohlenhydrate (KH) benötigt?

- Vor der sportlichen Betätigung: 150-300 g KH ca. 4-5 Stunden; ein KH-reiches Getränk bis zu 15 min vorher. Mit dieser Maßnahme kann eindeutig eine Leistungssteigerung erreicht werden.
- Während intensiver Trainingsvorbereitung (Training/Wettkampfvorbereitung) über 1,5 Stunden: 30-60 g KH pro Stunde als festes Nahrungsmittel oder als zuckerhaltiges Getränk, ein Blutzuckerabfall sollte dringend vermieden werden.
- Nach der sportlichen Betätigung oder in Pausen: 2-3g KH pro kg Körpergewicht, möglichst schon in der 1.-3. Stunde danach. Die vorher verbrauchten KH-Reserven sollten so schnell wie möglich aufgefüllt werden, nur so kann möglichst kurzfristig die volle Leistungsfähigkeit wiedererlangt werden. Entleerte Glykogenspeicher können schnellstens innerhalb 22 Stunden wieder vollkommen aufgefüllt sein. Je leerer die Speicher und je kurzfristiger nach Belastungsende KH gegessen wird, desto schneller und besser wird Glykogen im Muskel wieder aufgebaut. Diese Regenerationszeit kann sich erheblich (bis zu 1-2 Tagen) verlängern, wenn nach dem Sport zu lange mit der KH-Zufuhr gewartet wird.

Beachte: Fett-, Eiweiß- und Vitaminzufuhr haben kurz vor dem Sport keine Bedeutung. Vielmehr verzögern Fett und Eiweiß die Magenpassage, damit auch die KH-Aufnahme, die Regeneration und Wiederauffüllung der KH-Speicher wird verlängert. An Trainings- und Wettkampftagen sollte daher besonders fettarm gegessen werden.

Empfehlenswerte Nahrungsmittel zur schnellen Regeneration
Besonders empfehlenswert:
  - Kartoffeln (fettfrei gegart)
  - Bananen

Empfehlenswert:
  - Brot, Müsli
  - Nudeln, Reis
  - Vollkornkekse, Müsliriegel (nur die fettärmsten!!!)
  - Spezial Energie-/Kohlenhydratriegel
  - Dextrosepräparate

Weniger empfehlenswert:
  - Frische Früchte

- Limonaden und Colagetränke
- Marktübliche, fettreiche Schoko-, Müsli- und Energieriegel und Ähnliches.

Sportgerechte Ernährung – Vitamine, Mineralstoffe, Spurenelemente

Auf der Basis der derzeitigen Forschung weiß man, dass im Training bei einer ausgewogenen Ernährung (Ernährungsstufe I) keine Zusatznährstoffe erforderlich sind.

Kalium- und Magnesiumgehalt:

- Zur Speicherung von Glykogen in Leber- und Muskelzellen ist Kalium notwendig. Kalium und Magnesium sind für die Nerven- und Muskelfunktion unentbehrlich. Beide Mineralstoffe gehen beim Schwitzen in relativ großer Menge verloren. Deshalb ergibt sich nach hoher Belastungsintensität ein insgesamt erhöhter Kalium- und Magnesiumbedarf.

Vitamingehalt

- Die erhöhte Zufuhr von Vitamin E unter intensiver körperlicher Belastung soll gegen Verletzungen und Überlastungsschäden wirken.
- Der Vitamin-B-Komplex ist u.a. an der Steuerung des Energie- und Kohlenhydratstoffwechsels beteiligt. Liegt also ein erhöhter Kohlenhydratumsatz beim Sport vor, erhöht sich automatisch der Bedarf an Vitamin B-Komplex.
- Erhöhte Zufuhr von Aminosäuren soll die Leistungsfähigkeit des Immunsystems steigern.

Spurenelemente

- Sportler und Sportlerinnen sollten systematisch auf eisenreiche Ernährung achten, eine spezielle Eisensubstitution ist jedoch nur bei erniedrigten Hämoglobin- und Serumeisenwerten notwendig. Prophylaktisch ist keine Leistungssteigerung durch Eisenpräparate zu erwarten.
- Zink und Selen kann in kleineren Mengen eingenommen werden, besonders wenn aufgrund von Gewichtsreduzierung die Nahrungsaufnahme geringer ist. Eine besondere Leistungssteigerung ist jedoch nicht zu erwarten, bei normaler, ausgewogener Sporternährung ist sogar eher von einer Einnahme von Zink- und Selenpräparaten abzuraten.

Regeln zum richtigen Trinken

Häufig trinken die Sportler zu wenig. Durch das Schwitzen (Verdunstung des Schweißes an der Körperoberfläche) kühlt der Körper ab und schützt sich so vor Überhitzung. Mit Zunahme der Körperaktivität und der Außentemperatur steigt der Schweißverlust. Je besser der Trainingszustand, desto besser und mehr wird geschwitzt; bis zu drei Litern pro Stunde kann der Körper hierüber an Flüssigkeit verdunsten. Parallel mit dem Wasserverlust sinkt die Leistung. Entsprechende Wassermengen müssen so schnell wie möglich wieder ersetzt werden. Hohe Wasserverluste führen zu Überhitzung, zur Minderung der aeroben Kapazität und somit allgemein zu Leistungsschwäche. Das Problem der Wasserversorgung im Sport liegt darin, dass der Magen nur ca. einen Liter Flüssigkeit pro Stunde aufnehmen und an den Dünndarm bzw. an die Blutbahn weitergeben kann – gleichgültig, wie viel Schweiß verloren geht. Die Verweildauer der Getränke im Magen wird durch Zucker und Elektrolyte verlängert, die Flüssigkeitsaufnahme im Verdauungsapparat wird dadurch verzögert. Man sollte deshalb darauf achten, bei einer kurzen und hochintensiven Belastung (bis zu 60 min) einen möglichst raschen Wasserersatz zu erreichen, z.B. mit Mineralwasser oder nur schwach konzentrierter Glukoselösung.

Bei längerer Belastung ist immer auch an den Kohlenhydratreservespiegel zu denken, es empfehlen sich hierbei Getränke mit Kohlenhydratkonzentrationen bis zu 8% (Apfelsaftschorle, verdünnte isotonische Sportgetränke). In Limonaden und Colagetränken ist der Zuckergehalt zu hoch. Grundsätzlich kann auch immer reines Wasser getrunken werden und der Kohlenhydratbedarf über schnell resorbierbare, feste Kohlenhydratnahrungsmittel gedeckt werden. Bei körperlicher Belastung sollte darauf geachtet werden, den Füllungsgrad des Magens mit Getränken immer möglichst hoch zu halten. Zur Vermeidung von Magenbeschwerden sollten häufig (z.B. alle 10 min) Mengen von 150-200 ml getrunken werden, es sollte immer frühzeitig, d.h. bevor der Durst einsetzt, getrunken werden. Nur so ist eine relativ hohe Flüssigkeitsaufnahme pro Stunde zu gewährleisten.

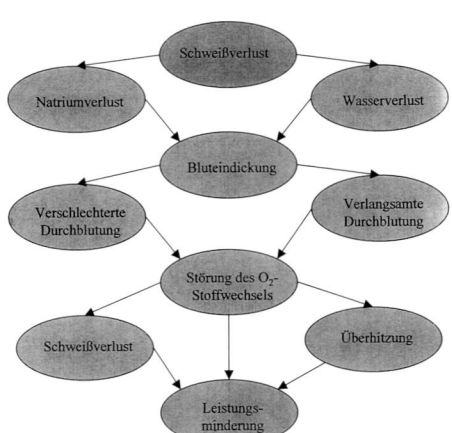

Abb. 58 Folgen eines unausgeglichenen Schweißverlustes

6.2 Sportarttypische Verletzungen und Sportschäden

Ursachen von Fehlbelastungen

Das Verletzungsrisiko der Sport-Aerobic wird insbesondere von Trainingsumfang und Trainingsintensität bestimmt. Je häufiger eine Übung wiederholt wird, umso größer wird die Wahrscheinlichkeit, dass sie irgendwann zu akuten Verletzungen oder Überlastungsschäden führt. Vor allem bei den Schwierigkeitselementen, insbesondere bei zahlreichen Sprüngen und bei häufigen Landungen auf den Händen können Überlastungen auftreten. Die Grenze der sportlichen Leistungsfähigkeit wird hauptsächlich durch die Belastbarkeit des Binde- und Stützgewebes bestimmt.

Die wesentliche Ursache von Fehlbeanspruchungen im Aerobic besteht aus dem Missverhältnis zwischen der individuell möglichen Belastbarkeit des Binde- und Stützgewebes und der tatsächlich erfolgenden Belastung durch Training und Wettkampf.

Diese Fehlbeanspruchungen (Fehlbelastung = Überlastung) machen sich als chronisch einwirkende Mikrotraumen auf das Stütz- und Bindegewebe bemerkbar. Der Sportler nimmt sie zunächst als Muskelschmerzen, Reizung an den Sehnenansätzen oder Gelenkschmerzen wahr. Die Funktionsbehinderung von Muskel, Sehne oder Gelenk ist häufig reversibel. Fährt der Sportler jedoch mit den Fehlbelastungen fort, so kann es zu irreversiblen Struktur- und Funktionsstörungen, dem Sportschaden, kommen. Viele der häufigen Ursachen von Fehlbeanspruchungen gelten auch als Ursachen von Sportverletzungen und werden nachfolgend genannt. Außerdem sind jegliche Fehlformen des Bewegungsapparates, wie Achsenabweichung im Knie- oder Sprunggelenk, vermehrte Seitneigung und Rotation der Wirbelsäule, muskuläre Dysbalancen u.v.m. als Ursache von Fehlbelastungen zu beachten.

Ursachen von Sportverletzungen

Als primäre Behandlung von Sportverletzungen gilt es, diese weitmöglichst zu vermeiden. Dabei ist es wichtig, häufige Ursachen zu kennen, zu beachten und zu meiden:

- Trainingsmethodische Fehler (ungenügendes Aufwärmen, zu hohe Belastungsanforderungen, Nichtberücksichtigung notwendiger Erholungsphasen, Trainingsmangel).

- Ungesunde Lebensweise (Maßnahmen der allgemeinen Lebensführung, ausreichender Schlaf, Verzicht auf Alkohol, vollwertige Ernährung, siehe Kap. 6.1).
- Fehlerhafte Technik.
- Unzureichende Sportausrüstung (Bodenbelag, Schuhwerk).
- Gesundheitliche Vorschädigungen (Infektionen, grippale Infekte).

Symptome, Ursachen und Therapie ausgewählter Fehlbeanspruchungen
Fehlbelastungsfolgen an Sehnen und Sehnenscheiden
- Sehnenansatzreizung/Sehnenscheidenentzündung
Entzündungen an Muskelansätzen haben ihre Ursache in wiederholten Dehneinwirkungen auf Sehne und Knochenhaut. Die hierbei entstehenden kleineren Verletzungen und Blutungen verursachen Reizungen und Entzündungen. Bei nicht fachgerechter und zu später Behandlung sowie mangelnder Schonung der betroffenen Region an Hand oder Sprunggelenk besteht die Gefahr eines hartnäckigen, chronischen Verlaufes.

Symptome: Zum Teil erheblicher Druck- sowie heftiger Bewegungsschmerz und Schwellung in der betroffenen Region. Bei der Sehnenscheidenentzündung kann es beim Bewegen der Sehne zu einem Knarren (als Schneeballknirschen zu tasten und zu hören) kommen.

Ursachen: Falsche Bewegungsabläufe, Überlastung gelten als typische Auslöser. Vor allem im Handgelenk kommt es durch einseitige Überlastung beim Training, durch häufige Wiederholung von ungewohnten, anstrengenden Übungen zur Entzündung.

Erstversorgung: Die Therapie beginnt mit einer Entlastung der betroffenen Struktur bzw. mit einer Trainingsumstellung. Wichtig ist eine konsequente Kühlung beim Auftreten von Beschwerden (z.B. auch Quarkumschläge). Um die Akutsymptomatik zum Abklingen zu bringen, wird zur Weiterbehandlung beim Physiotherapeuten geraten.

Vorbeugung: Vor zu frühem und intensivem Training nach Abklingen der Verletzung wird gewarnt. Ein wohldosierter Muskelaufbau mindert das Risiko eines Rückfalls erheblich. Regelmäßige Muskelpflege ist ebenso zu empfehlen. Besteht eine Fehlform im Bereich des Fußes – vor allem des Rückfußes – oder eine Achsenabweichung im Bereich des Sprunggelenkes, ist eine Korrektur durch Einlagen notwendig.

Fehlbelastungsfolgen und Verletzungen an der Muskulatur

• Muskelverhärtung/Muskelhartspann

Die typische Fehlbelastungsfolge an der Muskulatur ist die Muskelverhärtung (Myogelose).

Symptome: Es tritt ein ungewohntes, zunehmend hohes und behinderndes Spannungsgefühl in der Muskulatur auf. Der Muskel verliert dabei von Minute zu Minute an Elastizität. Der Muskel (meist ein Strang) hat sich verkürzt. Im Fall einer Fortsetzung der sportlichen Betätigung droht bei Überschreiten der Elastizitätsgrenze ein Muskelfaserriss.

Ursachen: Irritationen von Nervenwurzelfasern, Über- und Fehlbelastung der Wirbelsäule, der Hüfte, Gelenkschäden bzw. Funktionsstörungen von Gelenken können eine Muskelverhärtung hervorrufen.

Erstversorgung: Die Trainingsintensität reduzieren und Ursachen beseitigen (Technikkorrektur); bei hohem Spannungszustand der Muskulatur mit der sportlichen Betätigung ganz aufhören. Sanft dehnen, dabei die Schmerzgrenze nicht überschreiten. Auch hier empfiehlt sich eine intensive Muskelpflege.

• Muskelzerrung

Bei der Zerrung handelt es sich um eine Störung der Muskelfunktion, eine Entgleisung der Muskelspannungsregelung. Die Zerrungen gehören zu den häufigsten Verletzungen im Aerobic. Es tritt zwar kein akuter Schmerz auf, aber eine weitere Belastung des in seiner Funktion gestörten Muskels sollte unterbleiben, da sonst ein Muskelfaserriss oder gar ein Muskelriss droht.

Symptome: Meist wird zuerst ein zunehmendes Unbehagen in der Muskelregion verspürt, im Weiteren setzt dann ein Ziehen ein, ein zunehmendes Spannungsgefühl und schließlich krampfartige, teilweise ziehende Schmerzen.

Ursachen: Meist ist eine mangelhafte und schlechte Vorbereitung vor dem Training Grund für eine Zerrung. Es können jedoch auch Gründe des Allgemeinbefindens (siehe Ursachen für Sportverletzungen) sein.

Erstversorgung: Entscheidend ist bei einer Zerrung die Entspannung des Muskels, der Abbau der Verkrampfung. Zunächst sollte die Region gekühlt werden, bei

Nachlassen der Beschwerden schließt sich ein vorsichtiges Dehnprogramm des betroffenen Muskels an (Dehnung im schmerzfreien Bereich). Anschließend wird ein Salbenverband bis zum nächsten Tag empfohlen.

Vorbeugung: Wichtig ist ein ausgiebiges Aufwärmen der Muskulatur und ein kurzes Dehnen der jeweilig beanspruchten Muskulatur. Auch ist eine richtige Ernährung und eine gute Versorgung des Körpers mit Flüssigkeit und Mineralien notwendig.

• Leistenverletzung/Leistenbeschwerden

Bei schnellem Antritt, schnellkräftigen Bewegungen (z.B. Grätschwinkelsprung) wird die Leiste oft überfordert, was die unterschiedlichsten Schäden zur Folge haben kann. Bei Nichtbeachtung oder falscher Behandlung von Verspannungen, Verhärtungen und Zerrungen, vor allem an der geraden und schrägen Bauchmuskulatur sowie den Adduktorenmuskeln, sind gravierende, langwierige Leistenverletzungen, wie z.B. eine „weiche Leiste", Adduktoren(ein)riss u.v.m. möglich. Leisten- und Adduktorenverletzungen können auch durch andere Ursachen hervorgerufen werden:

Z.B. können Probleme in anderen Regionen, wie Hüftgelenk und Rücken, Schmerzen in die Leiste projizieren.

Symptome: Typisch für Leistenverletzungen sind heftige Schmerzen (Ziehen, Brennen oder Stechen) im Leisten-, Adduktoren- oder Bauchmuskelbereich.

Ursachen: Zu kurze Regenerationsphasen nach hoher Trainings- und Wettkampfbelastung, unverhältnismäßig hohe Belastung oder Verletzung der Bauch- oder Adduktorenmuskulatur, z.B. durch einseitiges Training, falsche Bauchmuskelübungen, schlechter Boden, unzureichendes Aufwärmen.

Erstversorgung: Bei leichten Schmerzen gutes Aufwärmen, vorsichtige Dehnübungen im schmerzfreien Bereich. Bei zunehmenden Schmerzen sofortige Kühlung über 15-20 min (Hot-Ice). Strahlen die Leistenbeschwerden vom Rücken aus, bringt meist ein ABC-Pflaster (im LWS-Bereich) Linderung. Bei schmerzhaften und immer wiederkehrenden Leistenbeschwerden einen Arzt aufsuchen! **Achtung!** Nicht zu früh wieder mit dem Training beginnen, vor allem bis zum Abklingen der Leistenbeschwerden und darüber hinaus keine intensiven Bauchmuskelübungen machen. Dadurch wird die Leiste nur noch mehr gereizt.

• Sprunggelenksverletzungen

Diese Verletzungen kommen im Sport sehr häufig vor, man knickt mit dem Fuß um und kann sich dabei eine Vielzahl von verschiedenen Verletzungen zuziehen, z.B. Verstauchung, Kapsel- und/oder Bandzerrung, Kapsel- und/oder Bänderriss, Knorpelverletzung, Knochenbruch.

Für alle Verletzungen gilt: Der Arztbesuch ist zur genauen Diagnosestellung unablässlich. Eine richtige Erstversorgung wirkt sich positiv auf die Heilungszeit aus.

• Bänderriss

Symptome: Beim Umknicken kommt es zu einem akuten, heftig stechenden Schmerz mit rasch einsetzender Schwellung. **Achtung!** Häufig wird die Verletzung unterschätzt, da komplett gerissene Bänder oft schon bald nach der Verletzung kaum noch Schmerzen bereiten.

Erstversorgung: Generell gilt für alle Kapsel-/Bandverletzungen des Sprunggelenkes, möglichst sofort mit Kühlung und Kompression im Verletzungsgebiet zu beginnen. Bewährt hat sich dabei ein kühlnasser Kompressionsverband, der nach 20 min für 3-5 min entfernt wird, damit der Stoffwechsel wieder einsetzen kann, danach erneutes Anlegen der Kompression; Wiederholung des Vorgehens insgesamt bis zu drei Stunden. Anschließend empfiehlt sich ein Salbenverband. Später sollte das Sprunggelenk mit einer Stütze versorgt werden, dies gewährt eine funktionelle Behandlung. Nach Abheilung empfiehlt sich Krankengymnastik/Propriozeption.

Vorbeugung: Es ist auf eine gut funktionierende, kräftige Muskulatur im Unterschenkel-/Fußbreich zu achten. Gutes Schuhwerk ist ebenfalls wichtig. Je besser die Führung des Fußes ist, desto geringer ist die Gefahr, umzuknicken.

Schulterverletzungen

Das Schultergelenk ist das beweglichste Gelenk unseres Körpers. Beweglichkeit und Stabilisierung im Schultergelenk werden durch Kapsel, Bänder, Muskeln und Sehnen ermöglicht. Gerade in der Sport-Aerobic, wo bei vielen Schwierigkeitselementen die Schulter einer starken Belastung ausgesetzt ist, ist eine gute muskuläre Stabilisierung im Schultergelenk unabdingbar, um Schäden im Gelenk zu vermeiden.

- Instabiles Schultergelenk (Subluxation)

Symptome: Schmerzen im Schultergelenk während und nach dem Sport; Gefühl einer Verlagerung im Gelenk bei Anheben des Arms über die Horizontale.

Ursachen: Die Entwicklung einer Instabilität kann sich als negative Konsequenz des hohen Bewegungsausmaßes im Schultergelenk ergeben. Das Schultergelenk ist in hohem Maße auf eine Stabilisierung durch die Weichteile – Gelenkkapsel, Bänder, Muskeln – angewiesen. Durch häufige Überkopfbewegungen oder ungebremste Landungen auf den Händen können diese Strukturen leicht überlastet und überdehnt werden. Das Schultergelenk wird locker.

Behandlung: Die Funktion des Gelenks durch aktive Muskelkräftigung verbessern.

- Impingement Syndrom

Symptome: Bei Anhebung des Armes über die Horizontale wird ein Schmerz verspürt. Häufig jedoch auch chronische Schmerzen bei Belastung und in Ruhe.

Ursachen: Häufige Überkopfbewegungen. Hierbei wird Weichteilgewebe eingeklemmt mit dem Ergebnis einer schmerzhaften entzündlichen Reizung. Die Einklemmung erfolgt zwischen dem Kopf des Oberarmknochens und der Schulterhöhe.

Erstversorgung: Kältetherapie, Quarkumschläge, eventuell Injektionstherapie.

- Entzündung der Supraspinatussehne oder ihres Ansatzes

Symptome: Schmerzen bei Bewegung im Schultergelenk.

Ursachen: Überlastungsschaden durch starke Belastung im Schultergelenk (Stützen mit den Armen nach Sprüngen oder freiem Fall usw.)

Behandlung: Der Athlet sollte mit dem Sport aussetzen, Krankengymnastik durchführen, eventuell sich Schmerzmittel und entzündungshemmende Medikamente verordnen lassen. **Achtung!** Bei einer unzureichend behandelten Entzündung der Supraspinatussehne kann ein langwieriges chronisches Beschwerdebild entstehen.

Es gibt noch eine Vielzahl von Verletzungen bzw. Überlastungsschäden, die im Bereich der Aerobic auftreten können. Wichtig ist, dass zur Prophylaxe dieser Überlastungsschäden ein konsequentes Kräftigungs- und Dehnübungsprogramm des Schultergürtels in der Vor- ebenso wie während der Wettkampfsaison durchgeführt werden sollte. Es gilt, die Schulteranatomie bzw. Biomechanik zu beachten, um geeignete Bewegungstechniken zu finden zur weitmöglichen Minimierung der Schulterbelastung. Bei länger dauernden Schulterbeschwerden sollte immer ein Arzt aufgesucht werden.

Hand- und Handgelenksverletzungen

Die Handgelenksschäden entstehen als Folge der bei der Sport-Aerobic auftretenden typischen Belastungen, gekennzeichnet von hohen Wiederholungszahlen, großen einwirkenden Kräften, axialer Kompression, Dreh- und Dehnungskräften. Diese hohen Krafteinwirkungen gehen einher mit Stellungen im Handgelenk, die sehr häufig eine ausgeprägte Überstreckung erfordern. Hierbei wird dem Handgelenk dann häufig in seinen Endstellungen die Funktion eines körpergewichttragenden Gelenks zugeordnet, es wird zum Drehpunkt für die gesamte Körpermasse. Es gibt eine Vielzahl von Handverletzungen im Aerobic, die alle durch Überlastung entstehen, beispielsweise Überlastungsschäden der distalen und/oder ulnaren Wachstumsscheibe, Einrisse im triangulären Faserknorpelkomplex, Ermüdungsfrakturen des Kahnbeins, Ganglion, Instabilität des Handgelenks.

• Chondromalazie
Verschleißerscheinungen im Sinne einer Chondromalazie können an zahlreichen Gelenken vorkommen. Solche Verschleißerscheinungen gehen im Allgemeinen in Kombination mit anderen Handgelenksschädigungen einher.

• Gelenkkapselentzündung
Eine Synovitis der Kapsel des Handgelenks zeigt sich in einer chronischen, diffusen Schmerzhaftigkeit am Handgelenk, verbunden mit leichter Schwellung und Hauterwärmung.

Erstversorgung: Bei den meisten Handgelenksschädigungen ist zunächst eine Ruhigstellung/Belastungspause notwendig. Bei Entzündungen empfiehlt sich Kälteanwendung, Salben-, Quarkumschläge, eventuell entzündungshemmende Medikamente.

Vorbeugung: Überlastungen der Handgelenke sollten insbesondere bei jungen Aerobic-Sportlern vermieden werden, mit nur allmählicher Steigerung der Belastungsintensität mit zunehmendem Lebensalter. Es empfiehlt sich auch ein Übungsprogramm mit Dehnungen zur Verbesserung der Flexibilität sowie Kräftigungsübungen, speziell im Bereich der Unterarmbeuger, um der Hyperextension im Handgelenk besser gegensteuern zu können. Die Steigerung der Belastungsintensität sollte zyklisch erfolgen, es sollte immer wieder eine Erholungsphase für das Handgelenk eingeschaltet werden. Das gute Übungsprogramm zeichnet sich dadurch aus, dass dynamische und statische Belastungen miteinander abwechseln. In der Pause sollte das Handgelenk jeweils in einer neutralen Position gehalten werden. Wenn notwendig, protektive Geräte (Bandagen), Tape oder andere Entlastungstechniken verwenden.

6.3 Motivation

Motivation und Handlung im Sport

Motivation: Gesamtheit der Motive, die der Verwirklichung von Lebenswerten, Sinnwerten dienen.

Motiv: Beweggrund für ein Verhalten – unterschieden vom Motivziel.

Motivation ist ein wichtiges Thema in der Sportwelt. Man glaubt, dass man bei fehlender Motivation für eine bestimmte Aktivität oder ein spezifisches Sportereignis auch nichts erreichen kann. Jedoch können Bereitschaft mitzumachen, wie auch Entschlossenheit dabeizubleiben und noch mehr Einsatz zu bringen, durchaus beeinflusst werden. Motivation ist eine wichtige Komponente der Leistung und ohne sie sind wir psychologisch nie bereit, uns im Wettkampf zu messen. Grundsätzlich ist zu unterscheiden zwischen:

* Eigen- bzw. Selbstmotivation und
* Fremdmotivation durch den Trainer, Teammitglieder, Freunde und dergleichen.

Der Zusammenhang zwischen Motivation und sportlicher Leistung wird deutlicher, wenn man sich den Ablauf des Motivationsprozesses darlegt.

Der Motivationsprozess

Ein Mensch kann durch vielerlei Beweggründe zum Handeln (sportliche Leistung) veranlasst werden. Man unterscheidet angeborene und durch Lernen erworbene Motive. Erstere bezeichnet man als primäre Motive, zweite als sekundäre, zu diesen zählen die

- Leistungsmotivation
- Leistungsehrgeiz
- Bedürfnis nach Anerkennung und Selbstachtung
- Geltungsstreben
- Preise, Geld, sozialer Status.

Motive können sich bei einer sportlichen Handlung/Leistung überlagern, auch gegensätzlich wirken und beeinflussen damit den Motivierungsgrad eines Sportlers. Äußere Bedingungen und Umstände können ebenfalls auf die Wirksamkeit von Motiven Einfluss haben. Manche Motive müssen dem Sportler auch immer wieder bewusst gemacht werden. Der Motivationsprozess könnte demnach wie folgt definiert werden: Die im Sportler angelegten Motive und Bedürfnisse werden als Beweggründe geweckt, bewusst gemacht, aktualisiert und in eine günstige Wechselwirkung zu den jeweils gegebenen Bedingungen des Trainings- bzw. Wettkampfereignisses gebracht. Um einen Sportler zu motivieren, sind folgende Faktoren von Bedeutung.

Leistungssteigernde Motive und Bedürfnisse

Es gibt zwei Aspekte der Persönlichkeit, die sich auf die Motivation in Konkurrenzsituationen besonders auswirken. Sie sind den Bedürfnissen und Motiven übergeordnet:

- Hoffnung auf Erfolg
- Die Angst vor Misserfolg.

Hoffnung auf Erfolg bezieht sich auf den Grad, zu welchem jeder von uns wettbewerbsfähig ist und aktiv die Art von Herausforderung sucht, die der Sport uns bietet. Die Angst vor Misserfolg ist die Art und Weise, wie wir einen möglichen Fehlschlag betrachten. Je nachdem, wie wir diese beiden übergeordneten Beweggründe in den Mittelpunkt unserer Motivationsbemühungen stellen, können wir im Sport erfolgreich sein. Zusätzlich gibt es weitere Motive und Bedürfnisse, die zur Steigerung der Leistungsmotivation im Sport beitragen. Sie sind im Sportler meist potenziell vorhanden, jedoch nicht immer automatisch wirksam und sollten durch den Trainer durch geeignete Maßnahmen mobilisiert werden.

Motive	Bedürfnisse
• Leistungsstreben	• Bewegungslust
• Anerkennung durch die Umwelt	• Kraftüberschuss
• Selbstdarstellung, Show	• Selbstwertstreben
• Soziale Stellung, Geselligkeit	• Erlebnisbedürfnis, Neugierde
• Reiselust	• Risikobedürfnis
• Selbstverwirklichung	• Aggressionen
• Minderwertigkeitsgefühle	• Funktionslust
• Materielle Vergünstigungen	• Kampfeslust

Die Wirkung von Motiven und Bedürfnissen bei der Motivation der Sportler ist von weiteren Faktoren abhängig, die der Trainer bei seinen Bemühungen, den Sportler zu motivieren, berücksichtigen sollte.

Veränderungen

Durch Veränderungen im Trainingsablauf/Wettkampfvorbereitung wird die Motivation erneuert. Pausen, temporäre Szenenwechsel oder einfache Veränderungen im Training zerstreuen eine gewisse Wiederholungsmonotonie, die während des Trainings gerne aufkommt, und geben neuen Antrieb. Oft steckt hinter Trainingsübungen ein großer Zwang, die Athleten streben auf Kosten der Qualität nach Quantität, weil sie befürchten, dass eine verpasste Trainingseinheit ihr Programm zunichte macht. Grund für einen möglichen Schaden ist aber meist ein zu anstrengendes Training. Generell gilt, dass ein Übertraining der sportlichen Leistung mehr Schaden zufügen kann als ein Untertraining.

Zielsetzung/Zielattraktivität

Das Konzept „Leistung" basiert auf der eigenen Zielsetzung. Wichtig ist, sich Ziele zu setzen, die im mittleren Bereich der Erfolgswahrscheinlichkeit liegen. Diese werden erfahrungsgemäß mit besonderem Elan verfolgt. Es sollten bei jedem Training realistische, aber anspruchsvolle Ziele gesetzt werden. Dies fördert nicht nur ein Gefühl für den Erfolg, sondern schafft auch die entsprechende Konzentration für jede Trainingseinheit. Es können damit Leistungssteigerungen erreicht werden und das Training macht mehr Spaß. Auch die Attraktivität solcher Ziele beeinflusst den Grad der Motivation. Individuelle Einstellungen und Wertungen verändern die Attraktivität eines zu erreichenden Zieles, hier liegt auch die Chance des Trainers, den Sportler dahingehend zu beeinflussen und damit die Motivation und auch die Leistung des Athleten zu erhöhen.

Ergebnisanalyse

Wenn Sportler ihre Leistung Faktoren zuschreiben, die sie kontrollieren können, wie ihr Trainingsaufwand, Trainingsintensität und innere Einstellung, dann werden sich Stolz oder Schmach, Befriedigung oder Unzufriedenheit irgendwie verstärken. Schreibt man einen Sieg seinem großen Einsatz zu, so wird sich der Stolz verstärken. Wird die Niederlage als das Ergebnis geringer Anstrengung betrachtet, dann ist Schmachgefühl die Folge. Man neigt jedoch dazu, einen Sieg seiner eigenen Anstrengung und Fähigkeit zuzuschreiben, die Schuld für Niederlagen wälzt man gerne auf andere, z.B. einen ungerechten Kampfrichter, Pech, ungünstige äußere Bedingungen oder Ähnliches ab. Erklärungen, die man sich selbst gibt, beeinflussen also nicht nur emotionale Reaktionen, sondern auch die künftige Motivation. Die sportliche Leistung wird also in vielerlei Hinsicht auch von der Ergebnisanalyse eines Wettkampfes mitbestimmt.

Motivierungsstrategien

Sportler werden zwar durch die oben genannten Faktoren motiviert, unterstützt hauptsächlich durch die Trainer. Sie können sich jedoch auch gut selbst motivieren und zur Leistung stimulieren. Eine Sonderform der Selbstmotivation stellt das mentale Training dar.

Mentales Training

Beim mentalen Training soll der Sportler sich Bewegungsabläufe intensiv vorstellen, ohne die betreffende Bewegung auch wirklich auszuführen. Über die angestrengte Verbesserung der Vorstellung wird der später ausgeführte Bewegungsablauf optimiert. Prinzipiell gibt es drei Möglichkeiten, mental zu trainieren:

1. Subvokales Training

Hierbei wird der zu trainierende Bewegungsablauf per Selbstgespräch vorgesagt.

2. Verdecktes Wahrnehmungstraining

Der Sportler nimmt dabei eine Beobachterrolle ein, d.h. er sieht sich selbst aus der Außenperspektive und betrachtet vor seinem geistigen Auge einen Bewegungsablauf.

3. Ideomotorisches Training

Hier wird die Innenperspektive einer Bewegung vergegenwärtigt. Man versucht, sich selbst in die Bewegung hineinzuversetzen und die inneren Prozesse, die bei der Ausführung dieser Bewegung ablaufen, nachzuempfinden.

Mentales Training eignet sich ebenso

• zur Beschleunigung und Intensivierung des Lernerfolges in der Phase des Neuerwerbs oder des Umlernens einer sportlichen Handlung.

- als Trainingsform während und zur Erleichterung des Wiedereinstiegs in den Wettkampfalltag nach verletzungsbedingten Pausen.
- als ergänzendes Training bei umfangreichem oder stark belastendem Training.
- Überbrückung von trainingsfreien Zeiten.

Voraussetzungen für mentales Trainieren:
1. Entspannungszustand: Entspannter Zustand ohne Ablenkung oder störende Gedanken.
2. Eigenerfahrung: Die Bewegung, die man trainieren will, sollte bekannt sein.
3. Eigenperspektive: Die Bewegungsvorstellung muss sich an den eigenen Möglichkeiten orientieren.
4. Lebhaftes Vergegenwärtigen: Mentales Trainieren funktioniert nur, wenn man sich den Bewegungsablauf außerordentlich lebhaft vorzustellen vermag.

Das mentale Training erzielt seine besten Wirkungen dann, wenn man es im Wechsel mit motorischem Training einsetzt. Die Technik des mentalen Trainings muss regelmäßig geübt werden.

Das sollte vermieden werden:
- Übertriebene Ehrgeizhaltung
- Überspringen von Bewegungsphasen
- Gegenvorstellungen (z.B. misslungene Ausführung)
- Denkblockaden
- Zurücklaufen und Wiederholungen im „inneren Film"
- Unrealistische Zielvorgaben.

6.4 Trainingsbegleitende Maßnahmen

Auf- und Abwärmen

Das Aufwärmen geht dem Training bzw. Wettkampf zeitlich unmittelbar voraus, das Abwärmen sollte direkt im Anschluss erfolgen. Beide Maßnahmen haben eine sehr große Bedeutung für die Aktivierung der vollen Leistungsfähigkeit des Sportlers. Etwa 20-30% der Gesamtdauer des Trainings nimmt das Aufwärmen ein. Zur Vorbereitung auf Wettkämpfe beträgt die Phase des Aufwärmens noch wesentlich mehr an Zeitaufwand. Insbesondere bei Sportarten wie der Aerobic mit Kurzleistungen muss zeitlich ausgiebiger aufgewärmt werden.

Bedeutung des Aufwärmtrainings

Die Bedeutung des Aufwärmens vor dem eigentlichen Training im Sinn der Verletzungsprophylaxe und der Einstimmung auf das folgende Trainingsprogramm ist bekannt. Auch leistungsmindernde Erscheinungen, wie frühzeitige Ermüdung u.a. sollen durch das Aufwärmen vermieden werden.

Spezifische Wirkungen

- *Muskulatur:* Die Skelettmuskulatur erwärmt sich durch ein gezieltes Aufwärmtraining mit langsam ansteigender Intensität. Bereits bei einer Steigerung der Muskeltemperatur um 2 °C wird die Elastizität der Muskulatur um bis zu 20% verbessert. Reibungswiderstände gegen Kontraktion bzw. Dehnung der Muskulatur werden vermindert, die Verletzungsgefahr dadurch verringert. Kraft, Schnelligkeit und Ausdauer von Muskelkontraktionen nehmen zu. Muskelverspannungen können durch gezielte Dehnungsübungen abgebaut werden.

- *Herz-Kreislauf-System:* Die Kreislauffunktionen werden langsam auf die bevorstehende Belastung vorbereitet. Das Herzminutenvolumen erhöht sich, es findet eine Umverteilung der zirkulierenden Blutmenge hin zur Arbeitsmuskulatur statt. Damit können Sauerstoff und energieliefernde Stoffe besser antransportiert, CO_2 und andere Stoffwechselprodukte besser abtransportiert werden.

- *Stoffwechselprozesse:* Durch die Erhöhung der Körpertemperatur können wichtige Stoffwechselvorgänge (z.B. Enzymaktivitäten) besser ablaufen. Auch überschüssiges Adrenalin wird abgebaut, insbesondere wichtig, um die Vorstartnervosität vor dem Wettkampf zu reduzieren.

- *Gelenke:* Auch die Gelenkstrukturen passen sich der sportlichen Belastung an. Durch den Wechsel von Belastung und Entlastung der Gelenke wird mehr Synovia produziert, der Knorpel wird ernährt, die Reibung zwischen Knorpelflächen vermindert. Durch Aufsaugen der Synovialflüssigkeit wird der Knorpel dicker, Druckbelastungen können besser abgepuffert werden. Auch die Elastizität von Bandstrukturen wird durch die erhöhte Körpertemperatur vergrößert.

- *Nervenreizleitung:* Bei erhöhter Muskeltemperatur steigt die Empfindlichkeit der Sinnesrezeptoren in Haut, Muskeln und Sehnen. Die Nervenreizleitungsgeschwindigkeit erhöht sich. Somit bewirkt die gesteigerte Erregbarkeit des Nervensystems eine größere Reaktionsgeschwindigkeit und Kontraktionsgeschwindigkeit der Muskulatur, die koordinative Leistungsbereitschaft steigt ebenfalls.

- *Psyche:* Der Aufwärmvorgang führt zur Aktivierung bestimmter Gehirnregionen, was zu einem erhöhten Wachzustand (gesteigerte Aufmerksamkeit, verbesserte optische und taktile Wahrnehmung) führt.

Bedeutung des Abwärmens

Durch das Abwärmen soll der Kreislauf durch aktive Erholung stabilisiert werden. Insbesondere Stoffwechselprodukte der muskulären Belastung werden durch kontinuierliche Bewegung schneller aus der Muskulatur abtransportiert. Die Ermüdung der Sportler am Tag nach harten Trainings- und Wettkampfbelastungen ist deutlich geringer.

Entspannung und Stressbewältigung

Unter „Stress" versteht man eine psychische und/oder physische Dauerbelastung, die zu psychovegetativen Allgemeinstörungen und auch zu schwereren organischen Erkrankungen führen kann. In Stresssituationen wird das Hormon Adrenalin in verstärktem Maße ausgeschüttet. Adrenalin ist in bestimmten Mengen für hohe körperliche Leistungen notwendig, wenn der Körper jedoch zu viel davon produziert, dann wirkt es hemmend auf die sportliche Leistungsfähigkeit. Um nun den Stress und damit den Adrenalinspiegel auf einem optimalen mittleren Wert zu halten, empfehlen sich spezielle Entspannungsmethoden wie Autogenes Training, Progressive Muskelrelaxation, Aktivtherapie oder Biofeedbacktraining.

Diese Methoden sind jedoch im Sportleralltag schwer anwendbar, empfehlenswert sind jedoch Maßnahmen, wie umfangreiches Aufwärmen, trainingsbegleitende Physiotherapie (Sportmassage, Saunabad), Motivierungsstrategien und mentales Training.

Trainingsbegleitende Physiotherapie

Unter trainings- und wettkampfbegleitenden Maßnahmen sind solche zu verstehen, die in der Lage sind, die allgemeine Gesundheit und Fitness des Sportlers zu erhalten und zu verbessern, vorbeugend gegen Sportverletzungen und -schäden zu wirken, den Athleten nach sportlicher Leistung zu „entmüden" und zu rehabilitieren. Sie sind keine Therapie, sollten jedoch ein wichtiger Teil eines planmäßigen Trainings sein, und bedienen sich dabei u.a. physikalisch-therapeutischer Mittel und Methoden.

Die sportliche Leistung wird im Wesentlichen geprägt von der Aktionsfähigkeit der Skelettmuskulatur. Die Muskulatur wird dabei bis an die Grenze der Leistungsfähigkeit beansprucht. Dabei stellt sich die Frage nach der optimalen Regeneration nach einer sportlichen Leistung; ohne sie würde die Muskulatur überlastet und es käme zu Schäden, zumindest aber zu den Symptomen des Übertrainings. Nur wenn die Muskulatur in einem optimalen Zustand ist, können die kraftvollen und schnellen, die ausdauernden und auch fein abgestimmten Bewegungen im Aerobic ausgeführt werden, welche letzten Endes über die Leistung entscheiden. Insbesondere wird die Muskulatur im Aerobic intensiv beansprucht.

Durch die Tätigkeit der Muskulatur werden Veränderungen im Spannungszustand der Muskelfaser hervorgerufen. Eine verhärtete Muskulatur ist nicht mehr in der Lage, normale Leistung zu vollbringen. Man muss dabei an die Mechanismen der peripheren Ermüdung denken, hier steht der Sauerstoffmangel und die Störung des Stoffwechsels durch eine mangelhafte Entsorgung der interzellulären Räume im Mittelpunkt. Zur ungestörten Muskelaktivität gehört es aber auch, dass der Muskel in seiner Umhüllung in der Faszienröhre frei verschieblich ist.

Wenn diese Verschieblichkeit behindert wird, indem zwischen Muskeloberfläche und der Faszie zunächst Viskositätssteigerungen, dann aber Verklebungen und schließlich Verwachsungen eintreten, dann kommt es zwangsläufig zu Leistungseinbußen.

Folgende trainings- und wettkampfbegleitenden Maßnahmen auf physikalisch-therapeutischer Basis sollten das eigentliche Training begleiten:

Sportmassage (Massagen zur Entmüdung und zur Muskelpflege)
In der praktischen Anwendung im Sport wird unterschieden:
1. Trainingsmassage
2. Vorbereitungsmassage
3. Zwischenmassage
4. Entmüdungsmassage.

Generell gilt: Überlastete Partien sollten systematisch angegangen werden, hier muss jede Reizung vermieden werden. Die leistungssteigernde Wirkung wird meist zwar überbewertet, eine sehr wichtige Rolle spielen hierbei vor allem die nachfolgend genannten Methoden, jedoch hat die Sportmassage neben objektivierbaren positiven und physiologischen Wirkungen eine starke psychologische, motivierende und allgemein betreuende Funktion. Ist eine Massage durch einen Therapeuten nicht möglich, so kann der Sportler auch eine Selbstmassage durchführen. Sie zählt zu den wirkungsvollen pflegerischen Maßnahmen, zu denen der Sportler angeregt werden sollte. Alkoholische Zusätze wie Franzbranntwein oder Fluide haben dabei eine angenehme und erfrischende Wirkung, die die Entmüdung steigert.

Entmüdungsbad/Saunabad

Das Entmüdungsbad, wie auch das Saunabad wird nach starker muskulärer, kreislaufintensiver oder psychischer Belastung zur Entspannung, Lockerung und Stoffwechselausschwemmung eingesetzt. Die Wassertemperatur sollte zwischen 28°C und 30°C sein, das Bad sollte nicht länger als 15 bis 30 Minuten dauern. Aktive Bewegungen und anschließendes kaltes Duschen verstärken die Entmüdung. Durch regelmäßiges Saunabaden werden in Verbindung mit Muskelkrafttraining die kontraktilen Elemente der Muskeln und das stoffwechselträge Knochen-Band-System zusätzlich günstig beeinflusst. Der Abbau des Hartspanns, die bessere Resorption von Verletzungsrückständen und – in der vagotonen Phase – die neue Einlagerung von Glykogen in die Muskulatur sind wichtige Nutzeffekte, die der Sportler aus dem Saunabad ziehen kann. Zwischen zwei Wettkampftagen sollte kein Saunabad durchgeführt werden.

Beseitigung von Verletzungsrückständen und Überlastungsreaktionen

Empfehlenswert wäre, Sportler auch ohne aktuelle Beschwerden bei gewöhnlicher Belastung regelmäßig zum Sportphysiotherapeuten zu schicken. Durch die sorgfältige Behandlung von Muskelansatzregionen an den Knochen lassen sich die gefürchteten Zerrungen im Schulter- oder Leistenbereich in der Regel vermeiden. Oft handelt es sich nicht um eine einmalige Verletzungs- oder Überlastungsfolge, häufig sind es allmählich sich summierende Überlastungsreaktionen, die der Körper nicht mehr verkraften kann. Auch die Beseitigung von Verletzungsrückständen bedarf besonderer Beachtung.

Die Umsetzung dieser Forderungen ist verständlicherweise schwierig in einer Sportart, in der der Sportler noch kaum offiziell gefördert wird. Finanzielle, wie auch zeitliche oder organisatorische Schwierigkeiten und Hindernisse zwingen die Athleten und Trainer, die genannten trainingsbegleitenden Maßnahmen zu vernachlässigen, sie sollten jedoch trotzdem Anwendung finden, um langfristige Sportfolgeschäden zu vermeiden.

Literatur

BADTKE, G. ET AL. (AUTORENKOLLEKTIV): Sportmedizinische Grundlagen der Körpererziehung und des sportlichen Trainings. Leipzig 1987.

BAUER, GERHARD: Lehrbuch Fußball. BLV-Verlag, München 1994.

BOECKH-BEHRENS, W.-U./ BUSKIES, W.: Gesundheitsorientiertes Fitnesstraining, Bd. 1, Dr. Loges. Winsen 1995.

BÜHRLE,M./ SCHMIDTBLEICHER, D.: Der Einfluß von Maximalkrafttraining auf die Bewegungssschnelligkeit. Leistungssport 1, 1977, 3-10.

CARL, K.: Training und Trainingslehre in Deutschland. Schorndorf 1977.

DR. MÜLLER-WOHLFAHRT,H./ MONTAG, H. J.: Verletzt ... was tun? Verlag wero press. Pfaffenweiler 1996.

DSLV (Hrsg.)/ GATTERMANN, E./JANDA, W.: Ski-Lehrplan Band 3. BLV-Verlag, München 1996.

ENGELHARDT, M./ NEUMANN, G.: Sportmedizin, Grundlagen für alle Sportarten. BLV Verlag, München 1994.

GEILING, A.: Aerobic – vom Modetrend zum Wettkampfsport.
Schriftliche Hausarbeit im Fach Sport für das Lehramt an Gymnasien vorgelegt bei Prof. Dr. Klaus Bös. Institut für Sportwissenschaften der Goethe-Universität, Frankfurt am Main 1997.

GROSSER, M./ S. STARISCHKA/ E. ZIMMERMAN: Konditionstraining. BLV-Verlag, München 1985, 3. Aufl.

GROSSER, M./ BRÜGGEMANN, P./ ZINTL,F.: Leistungssteuerung in Training und Wettkampf. BLV Verlag, München 1986.

GROSSER, M./ STARISCHKA, S. / ZIMMERMANN, E.: Konditionstraining. BLV Verlag, München 1981.

GROSSER, M./ MÜLLER H.: Power Stretch. Das neue Muskeltraining, BLV Verlag, München 1990.

HARRE, D. ET AL. (Autorenkollektiv): Trainingslehre. Berlin-Ost 1982.

HÄRTIG, R. / BUCHMANN, G.: Gerätturnen. Sportverlag Berlin, Berlin 1988.

HOLLMANN, W. / HETTINGER, T.: Sportmedizin – Arbeits- und Trainingsgrundlagen. Stuttgart 1980.

HUWYLER, J.: Der Tänzer und sein Körper, Aspekte des Tanzens unter ärztlicher Sicht. perimed-Verlag, Erlangen 1992.

JONATH, ULRICH (Hrsg.): Lexikon Trainingslehre. rororo, Reinbek 1988.

KAMPUS, BERND: Schnellkrafttraining. Meyer & Meyer-Verlag, Aachen 1995.

KOLAKOVIC, BERIS: Aerobic-Trainer. SSV Verlag, Hamburg 1997.

KUPRIAN, W. (Hrsg.): Sport-Physiotherapie. Gustav Fischer Verlag, Stuttgart/ New York 1990.

LETZELTER, M.: Trainingsgrundlagen. rororo, Reinbek 1985.

LETZELTER, M.: Trainingsgrundlagen. Reinbeck 1978; 1985.

LIN, YVONNE: Precision Sports Aerobics. Firma Polar Broschüre, Büttelborn.

LISSIZKAJA, T. S.: Rhythmische Sportgymnastik. Sportverlag, Berlin 1985.

MARRON, EDDY: Die Rhythmiklehre. AMA-Verlag 1991.

MARTIN, D.: Zur sportlichen Leistungsfähigkeit von Kindern. Sportwissenschaft 12 (1982) 255-274.

MARTIN,D. U. A. Trainingslehre. In: HILF (Hrsg.): Leistungskurs Sport in der gymnasialen Oberstufe. Kassel 1977.

MATWEJEW, L.P.: Grundlagen des sportlichen Trainings. Berlin-Ost. 1981.

MELLER,W./ MELLEROWICS,H.: Vergleichende Untersuchungen über Dauertraining mit gleicher Arbeit, aber unterschiedlicher Leistung an eineiigen Zwillingen. Sportarzt und Sportmedizin 1 (1968).

MELVIN H.WILLIAMS: Ernährung, Fitness und Sport. Deutsche Übersetzung von R. Rost Ullstein Mosby. Berlin/Wiesbaden 1997.

PAHMEIER,I./ NIEDERBÄUMER, C.: Stepaerobic für Schule, Verein und Studio. Meyer & Meyer-Verlag, Aachen 1996.

PAUL, GUDRUN, U.A.: Aerobic-Training, 3. Auflage. Meyer & Meyer-Verlag, Aachen 1998.

SCHWABOWSKI/ BRZANK/ NICKLAS: Rhythmische Sportgymnastik. Leistung – Technik – Methodik. Meyer & Meyer-Verlag, Aachen 1998.

STARISCHKA, S.: Trainingsplanung (Studienbrief zur Fort- und Weiterbildung von Trainern des Deutschen Sportbundes). Trainerakademie Köln 1985.

STULL,D./ CLARKE, D.: Patterns or Recovery Following Isometric and Isotonic Strength Decrement. In: Medicine and Science in Sports 3, 1971, 135-139.

WEINECK, J.: Optimales Training. Perimed Verlag, Erlangen 1985.

WORM, NICOLAI: Richtig Essen. Richtig Fit. Broschüre, Gesundheitsdialog. Verlag, Oberhaching.

ZATSIORSKY, V.: Krafttraining. Praxis und Wissenschaft. Meyer & Meyer Verlag, Aachen 1996.

ZINTL, F.: Ausdauertraining. BLV-Verlag, München 1988.

Glossar

Schwierigkeitselemente deutsch – englisch

1/2 Drehung in der Vertikalen	half turn
Absprung mit Landung im einarmigen Liegestütz	jump free fall to one arm push up
Anschlagsprung	cabriole
aus dem Grätschsitz über den Seitspagat in die Bauchlage	split through (pancake)
aus dem Liegestütz vorlings in Liegestütz rücklings	straddle cut
aus dem Spagat in Grätschstand erheben	split lift
aus der Liegestützhalte in eine gefaltete Position (Oberkörper und Beine) ziehen	support A-Frame
beidbeinige Kreisflanke gespreizt – Thomas-Kreisel	flair
Bücksprung	pike jump
Doppel-Kreiskick	double fan kick
Drehung in der Luft	air turn
Durchschlagsprung	switch split leap
Durchschlagsprung zum Seitspagat oder Grätschwinkelsprung	horizontal switch leap
einarmiger Stütz mit Spagathalte	capoeira
einbeinige Kreisflanke	single leg circle
einbeiniger Liegestütz, Spielbein am Trizeps	Wenson, Push up
einbeiniger Absprung, 1/2 Drehung, Landung in Liegestütz	Gainer
einbeiniger Sohlenstand abgesenkt in einbeinigen Hockstand (und umgekehrt)	stork press
Ellbogenstützwaage	full support lever
freie Stützwaage	free support lever
freier Fall	free fall
ganze Drehung (nicht komplett in der Vertikalen)	full twist
gescherter Kick	scissors kick

Gleichgewichtselement, Spielbein in Querspagathalte	sagital balance
Gleichgewichtselement, Spielbein in Seitspagathalte	frontal balance
Gleichgewichtselement, Spielbein ohne Unterstützung	balance free support
Gräschwinkelstütz	straddle support
Grätsche	straddle
Grätschspitzwinkelstütz	straddle V-support
Grätschwinkelsprung	straddle jump
Grätschwinkelsprung mit Landung im Liegestütz	straddle jump to push up
Grätschwinkelsprung mit Landung im Querspagat	straddle jump to sagital split
Helikopter	helicopter
Hockscherkick	hitch kick
Hocksprung	tucked jump
Kreisflanke mit beiden Beinen, geschlossen	double leg circle
Kreiskick	fan kick
Liegestütz	push up
Liegestütz, nach hinten abgeklappt	hinge push up
Liegestütz, seitlich abgeklappt	lateral push up
ohne Bodenkontakt	airborne
Querspagatsprung	sagital split jump
Rückwärtskick aus dem Hocksprung	jumping back kick
Seitspagat	frontal split
Seitspagat mit Absenken des Oberkörpers	frontal prone split
Seitspagatsprung	frontal split leap
Spagat in Rückenlage	supine split
Spagatrolle aus und in den Querspagat	sagital split roll
Spagatspinne	split spin
Spagatsprung mit 1/2 Drehung	split leap 1/2 turn
Spitzwinkelstütz	V-Support
Spitzwinkelstütz, horizontal	high V-Support
Sprung (beidbeiniger Absprung)	jump
Sprung (einbeiniger Absprung)	leap
Sprung mit Landung im tiefen Liegestütz	jump to push up
Standspagat (Kopf bei Standbein)	vertical split

Standspagatdrehung	balance turn
Standwaage	sagital scale
Standwaage seitlich	frontal scale
Taucherdrehung	illusion
Taucherdrehung ohne Bodenkontakt	
der Hände	free support illusion
Unterstützung	support
Wendeschersprung	scissors leap 1/2 turn
Winkelstütz	L-Support

Verbotene Elemente

Brücke	bridge
Drehung auf dem Rücken	back spin
Drehung auf einem oder beiden Knien	knee pirouette
einen Partner aus der Hebefigur	
in die Luft werfen	propelling a partner
eingesprungene Rolle	dive roll
Handstützüberschlag	walk over
Kerze	plough
Kippe	kips
Rad	cartwheel
Rolle	regular roll
Rückbeuge	back bend
Spagatspinne mit Bewegung über Rücken,	
Schulter und Bauch	neck spin
Spielbeinhaltung 180° rückwärts	standing back split
Sprung mit Bogenhaltung	arch jump
Todelspirale in der Luft	airborne death spiral
Überschlag	round-off
Zehenstand	toe hinge